Double Réserve
Y. 4509. 4601.
A

Ye

DELIE.

OBIECT DE PLVS HAVLTE VERTV.

ADVERSIS DVRO.

A LYON
Chez Sulpice Sabon, Pour Antoine Constantin.
1544.
Auec priuilege pour six Ans.

LA TENEVR DV
Priuilege.

IL est permis par Priuilege du Roy, à Antoine Constantin, marchant Libraire demourant à Lyon, de imprimer, ou faire imprimer par telz Imprimeurs des Villes de Paris, Lyon, & aultres que bon luy semblera, ce present Liure traictant d'Amours, intitulé DELIE, soit auec Emblesmes, ou sans Emblesmes, durant le tēps & terme de six ans prochainnemēt uenans. Icelluy liure mettre, & faire mettre & exposer en uente & dellurer a qui en uouldra. Et est prohibé & deffendu de par ledict Seigneur à tous Libraires, Imprimeurs, & aultres personnes que ceulx ausquelz ledict Constantin aura donné charge desdictes impression & distribution sur certaines & grandes peines audict Seigneur à appliquer, d'amende arbitraire, & de perditiō desdictz liures & de tout ce qu'ilz y mettront, de ne le imprimer ne faire imprimer uendre ne distribuer, soit auec lesdictz Emblesmes ou sans Emblesmes, ou aultremēt en quelque maniere que ce soit durant ledict temps de six ans. Le tout ainsi que plus à plain est cōtenu & declairé es lettres patentes dudict Priuilege donnéés a la Fere sur Oyse le trentiesme iour d'Octobre Lan de grace M. D. XLIII. Soubscriptes par le Roy en son conseil, uous present: Signées Coesier, & Séellées en simple queue de Cire Iaulne.

A SA DELIE.

Non de Venus les ardentz estincelles,
Et moins les traictz, desquelz Cupido tire:
Mais bien les mortz, qu'en moy tu renouelles
Ie t'ay voulu en cest Oeuure descrire.
  Ie sçay asses, que tu y pourras lire
Mainte erreur, mesme en si durs Epygrammes:
Amour (pourtant) les me voyant escrire
En ta faueur, les passa par ses flammes.

Souffrir non souffrir.

GRE NON GRÉ.

M. S.

I.

L'Oeil trop ardent en mes ieunes erreurs
Girouettoit, mal cault, a l'impourueue:
Voicy (ô paour d'agreables terreurs)
Mon Basilisque auec sa poingnant' veue
Perçant Corps, Cœur, & Raison despourueue,
Vint penetrer en l'Ame de mon Ame.
  Grand fut le coup, qui sans tranchante lame
Fait, que viuant le Corps, l'Esprit desuie,
Piteuse hostie au conspect de toy, Dame,
Constituée Idole de ma vie.

II.

Le Naturant par ses haultes Idées
Rendit de soy la Nature admirable.
Par les vertus de sa vertu guidées
S'esuertua en œuure esmerueillable.
  Car de tout bien, voyre es Dieux desirable,
Parfeit vn corps en sa parfection,
Mouuant aux Cieulx telle admiration,
Qu'au premier œil mon ame l'adora,
Comme de tous la delectation,
Et de moy seul fatale Pandora.

III.

Ton doulx venin, grace tienne, me fit
Idolatrer en ta diuine image
Dont l'œil credule ignoramment meffit
Pour non preueoir a mon futur dommage.
  Car te immolát ce mien cœur pour hómage

Sacri

DELIE.

Sacrifia auec l'Ame la vie.
  Doncques tu fus, ô liberté rauie,
Donnée en proye a toute ingratitude:
Doncques espere auec deceue enuie
Aux bas Enfers trouuer beatitude.

IIII.

Voulant tirer le hault ciel Empirée
De soy a soy grand' satisfaction,
Des neuf Cieulx à l'influence empirée
Pour clorre en toy leur operation,
Ou se parfeit ta decoration:
Non toutesfoys sans licence des Graces,
Qui en tes mœurs affigent tant leurs faces,
Que quand ie vien a odorer les fleurs
De tous tes faictz, certes, quoy que tu faces,
Ie me dissoulz en ioyes, & en pleurs.

V.

Ma Dame ayant l'arc d'Amour en son poing
Tiroit a moy, pour a soy m'attirer:
Mais ie gaignay aux piedz, & de si loing,
Qu'elle ne sceut oncques droit me tirer.
  Dont me voyant sain, & sauf retirer,
Sans auoir faict a mon corps quelque bresche:
Tourne, dit elle, a moy, & te despesche.
Fuys tu mon arc, ou puissance, qu'il aye?
  Ie ne fuys point, dy ie, l'arc, ne la flesche:
Mais l'œil, qui feit a mon cœur si grand' playe.

vj.

VI.

Libre viuois en l'Auril de mon aage,
De cure exempt foubz celle adolefcence,
Ou l'œil, encor non expert de dommage,
Se veit furpris de la doulce prefence,
Qui par fa haulte, & diuine excellence
M'eftonna l'Ame, & le fens tellement,
Que de fes yeulx l'archier tout bellement
Ma liberté luy à toute afferuie:
Et des ce iour continuellement
En fa beaulté gift ma mort, & ma vie.

VII.

Celle beaulté, qui embellit le Monde
Quand nafquit celle en qui mourant ie vis,
A imprimé en ma lumiere ronde
Non feulement fes lineamentz vifz:
Mais tellement tient mes efpritz rauiz,

a 4 En admi-

En admirant sa mirable merueille,
Que presque mort, sa Deité m'esueille,
En la clarté de mes desirs funebres,
Ou plus m'allume, & plus, dont m'esmerueille,
Elle m'abysme en profondes tenebres.

VIII.

Ie me taisois si pitoyablement,
Que ma Déesse ouyt plaindre mon taire.
Amour piteux vint amyablement
Remedier au commun nostre affaire,
   Veulx tu, dit il, Dame, luy satisfaire?
Gaigne le toy d'vn las de tes cheueulx.
Puis qu'il te plaict, dit elle, ie le veulx.
Mais qui pourroit ta requeste escondire?
Plus font amantz pour toy, que toy pour eulx,
Moins reciproque a leurs craintif desdire.

IX.

Non de Paphos, delices de Cypris,
Non d'Hemonie en son Ciel temperée:
Mais de la main trop plus digne fut pris,
Par qui me fut liberté esperée.
   Ià hors despoir de vie exasperée
Ie nourrissois mes pensées haultaines,
Quand i'apperceus entre les Mariolaines
Rougir l'Oeillet: Or, dy ie, suis ie seur
De veoir en toy par ces preuues certaines
Beaulté logée en amere doulceur.

Suaue

Suaue odeur: Mais le goust trop amer
Trouble la paix de ma doulce pensée,
Tant peult de soy le delicat aymer,
Que raison est par la craincte offensée.
 Et toutesfois voyant l'Ame incensée
Se rompre toute, ou gist l'affection:
Lors au peril de ma perdition
I'ay esprouué, que la paour me condamne.
 Car grand beaulté en grand parfection
M'à faict gouster Aloes estre Manne.

XI.

De l'Occean l'Adultaire obstiné
N'eut point tourné vers l'Orient sa face,
Que sur Clytie Adonis ià cliné
Perdit le plus de sa nayue grace.
 Quoy que du tēps tout grand oultrage face,
Les seches fleurs en leur odeur viuront:
Preuue pour ceulz, qui le bien poursuyuront
De non mourir, mais de reuiure encore.
 Ses vertus donc, qui ton corps ne suyuront,
Dès l'Indien s'estendront iusqu'au More.

XII.

Ce lyen d'or, raiz de toy mon Soleil,
Qui par le bras t'asseruit Ame, & vie,
Detient si fort auec la veue l'œil,
Que ma pensée il t'à toute rauie,
Me demonstrant, certes, qu'il me conuie

A me stiller tout soubz ton habitude.
Heureux seruice en libre seruitude,
Tu m'apprens donc estre trop plus de gloire,
Souffrir pour vne en sa mansuetnde,
Que d'auoir eu de toute aultre victoire.

XIII.

L'œil, aultresfois ma ioyeuse lumiere,
En ta beaulté fut tellement deceu,
Que de fontaine estendu en ryuiere,
Veut reparer le mal par luy conceu.
Car telle ardeur le cœur en à receu,
Que le corps vif est ià reduict en cendre:
Dont l'œil piteux fait ses ruisseaulx descendre
Pour la garder d'estre du vent rauie,
Affin que moyste aux os se puisse prendre,
Pour sembler corps, ou vmbre de sa vie.

XIIII.

Elle me tient par ces cheueulx lyé,
Et ie la tien par ceulx là mesmes prise.
Amour subtil au noud s'est allié
Pour ce deuaincre vne si ferme prise:
Combien qu'ailleurs tendist son entreprise,
Que de vouloir deux d'vn feu tourmenter.
Car (& vray est) pour experimenter
Dedans la fosse à mys & Loup, & Chieure,
Sans se pouoir l'vn l'aultre contenter,
Sinon respondre a mutuelle fiebure.

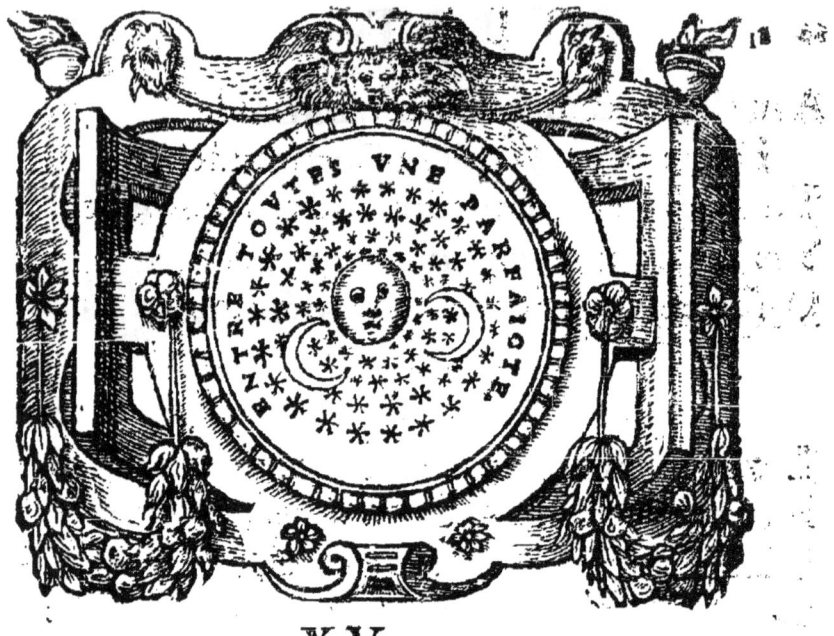

XV.

Toy seule as fait, que ce vil Siecle auare,
Et aueuglé de tout sain iugement,
Contre l'vtile ardemment se prepare
Pour l'esbranler a meilleur changement:
Et plus ne hayt l'honneste estrangement,
Commençant ià a cherir la vertu.
    Aussi par toy ce grand Monstre abatu,
Qui l'Vniuers de son odeur infecte,
T'adorera soubz tes piedz combatu,
Comme qui es entre toutes parfaicte.

XVI.

Ie preferoys a tous Dieux ma Maistresse,
Ainsi qu'Amour le m'auoit commandé:
Mais la Mort fiere en eut telle tristesse,
Que contre moy son dard à desbandé.
Et quand ie l'ay au besoing demandé

                           Le m'à

Le m'à nye, comme pernicieuse.
　Pourquoy sur moy, ô trop officieuse,
Pers tu ainsi ton pouoir furieux?
Veu qu'en mes mortz Delie ingenieuse
Du premier iour m'occit de ses beaulx yeulx.

XVII.

Plus tost seront Rhosne, & Saone desioinctz,
Que d'auec toy mon cœur se desassemble:
Plus tost seront l'vn, & l'aultre Mont ioinctz,
Qu'auecques nous aulcun discord s'assemble:
Plus tost verrons & toy, & moy ensemble
Le Rhosne aller contremont lentement,
Saone monter tresuiolentement,
Que ce mien feu, tant soit peu, diminue,
Ny que ma foy descroisse aulcunement.
Car ferme amour sans eulx est plus, que nue.

XVIII.

Qui se delecte a bien narrer histoires
Perpetuant des haultz Princes les gestes:
Qui se triumphe en superbes victoyres,
Ou s'enaigrist aux Satyres molestes:
Qui chante aussi ses amours manifestes,
Ou se complaict a plaisamment descrire
Farces, & Ieux esmouuantz Gentz a rire.
　Mais moy: ie n'ay d'escrire aultre soucy,
Fors que de toy, & si ne sçay que dire,
Sinon crier mercy, mercy, mercy.

XIX.

Moins ne pourroit & la foy, & l'hommage,
Que nous lyer a son obeissance:
Si contre tort, & tout public dommage
Nous ne vouions le cœur, & la puissance.
  Donc au Vassal fut grand' mescognoissance
Quand plus, que soy, faingnāt sa Frāce aymer,
Osa en vain, & sans honte s'armer.
  Mais celle part, comme on dit, la greigneur,
Deceut celuy, qui pour trop s'estimer
Vint contre soy, son pays, son Seigneur.

XX.

Peuuent les Dieux ouyr Amantz iurer,
Et rire apres leur promesse mentie?
Autant seroit droict, & faulx pariurer,
Qu'eriger loy pour estre aneantie.
Mais la Nature en son vray conuertie
Tous paches sainctz oblige a reuerence.
  Voy ce Bourbon, qui delaissant Florence,
A Romme alla, a Romme desolée,
Pour y purger honteusement l'offence
De sa Patrie, & sa foy violée.

XXI.

Le Cerf volant aux aboys de l'Austruche
Hors de son giste esperdu s'enuola:
Sur le plus hault de l'Europe il se iusche,
Cuydant trouuer seurté, & repos là,
Lieu sacré, & sainct, lequel il viola

Pa

Par main a tous prophanement notoyre.
　　Aussi par mort precedant la victoyre
Luy fut son nom insignement playe,
Comme au besoing pour son loz meritoyre
De soy semblable a la sienne paye.

XXII.

Comme Hecate' tu me feras errer
Et vif, & mort cent ans parmy les Vmbres:
Comme Diane au Ciel me resserrer,
D'ou descendis en ces mortelz encombres:
Comme regnante aux infernalles vmbres
Amoindriras, ou accroistras mes peines.
　　Mais comme Lune infuse dans mes veines
Celle tu fus, es, & seras DELIE,
Qu'Amour à ioinct a mes pensées vaines
Si fort, que Mort iamais ne l'en deslie.

XXIII.

Seule raison, de la Nature loy,
T'à de chascun l'affection acquise.
Car ta vertu de trop meilleur alloy,
Qu'Or monnoye, ny aultre chose exquise,
Te veult du Ciel (ô tard) estre requise,
Tant approchante est des Dieux ta coustume.
　　Doncques en vain trauailleroit ma plume
Pour t'entailler a perpetuite:
Mais ton sainct feu, qui a tout bien m'allume,
Resplendira a la posterite.

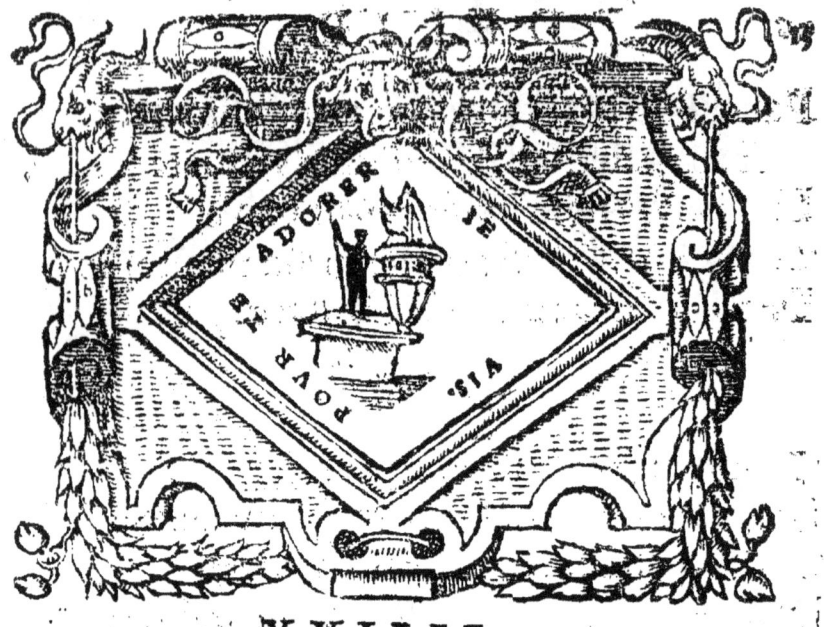

XXIIII.

Quand l'œil aux champs est d'esclairs esblouy,
Luy semble nuict quelque part, qu'il regarde:
Puis peu a peu de clarté resiouy,
Des soubdains feuz du Ciel se contregarde.
Mais moy conduict dessoubs la sauuegarde
De ceste tienne, & vnique lumiere,
Qui m'offusca ma lyesse premiere
Par tes doulx rayz aiguement suyuiz,
Ne me pers plus en veue coustumiere.
Car seulement pour t'adorer ie vis

XXV.

Tu fais, cruel, ses pensées meurdrieres
Du bien, donc suis, long temps à, poursuyuant,
Tu la rendz sourde a mes chastes prieres,
Tant que mon mal est a moy suruiuant.
Tu fais soubdain, & deffais, moy viuant,

DELIE.

Ce, que le temps a grand peine extermine.
    Fais donc, Amour, que peu d'heure termine
Si long languir par reuoluz momentz:
Ou ie diray, que ton arc examine
Neronnerie en mes si griefz tourmentz.

XXVI.

Ie voy en moy estre ce Mont Foruiere
En mainte part pincé de mes pinceaulx.
A son pied court l'vne & l'aultre Riuiere,
Et iusqu'aux miés descēdent deux ruisseaulx.
    Il est semé de marbre a maintz monceaulx,
Moy de glaçons: luy aupres du Soleil
Ce rend plus froid, & moy près de ton œil
Ie me congele: ou loing d'ardeur ie fume.
Seule vne nuict fut son feu nompareil:
Las tousiours i'ars, & point ne me consume.

XXVII.

Voyant soubdain rougir la blanche neige
Au rencontrer chose, qui luy meult honte,
Vaine raison mes sens troublez surmonte,
Et ià la fin de mes desirs me pleige.
    En cest espoir, tresmal asseuré pleige,
Ie croy pitie soubz honteuse doulceur.
Parquoy en moy, comme de mon bien seur,
Ie fais pleuuoir ioyes a si grand somme,
Qu'en fin me tire au fons de sa grosseur
Vn doulx obly de moy, qui me consomme.

XXVIII.

Ay ie peu veoir le vermeil de la honte
Ardoir la face a son honnesteté?
Et croire encor, que la pitié luy monte
Sur le plus cher de sa grand' chasteté?
    Meilleur, ô Cœur, m'est d'auoir chaste esté
En si pudique, & hault contentement:
Et abhorrir pour vil contemnement
Le bien, qu'Amour (Amour lassit) conseille.
    Car ie iouys du sainct aduenement
De ce grand Pape abouchant a Marseille.

XXIX.

Dessus le Cœur vouloit seul maistriser
L'aueugle Archier, qui des dieux est le maistre:
La Parque aussi le veult seigneuriser,
Qui des humains se dit seule dame estre.
    Mais sur ce poinct, qu'on le met en sequestre,
Ma Dame acoup s'en saisit par cautelle.
Tu ne deçoys, dit il, ces deux cy, Belle,
Mais moy: car mort m'eust faict paix receuoir,
Amour victoire: & soubz ta main cruelle
Ne puys mercy, tant soit petite, auoir.

XXX.

Des yeulx, ausquelz s'enniche le Soleil,
Quand fus le soir du iour il se depart,
Delasché fut le doulx traict nompareil
Me penetrant iusques en celle part,
Ou l'Ame attaincte or' a deux il mespart,

b i   Lais-

Laissant le cœur le moins interessé,
Et toutesfois tellement oppressé,
Que du remede il ne s'ose enquerir.
　Car, se sentant quasi Serpent blessé,
Rien ne le peult, non Dorion, guerir.

XXXI.

Les tristes Sœurs plaingnoiét l'antique offense,
Quand au plus doulx serain de nostre vie
Desdaing s'esmeut pour honneste deffence
Contre l'ardeur de nostre chaste enuie:
Et l'esperance en long temps poursuyuie
Ne nous peut lors, tant soit peu, alleger.
　O vaine foy, ô croire trop leger,
Qui vous reçoit se fait son mortel hoste:
Pour non pouoir ce malheur abreger,
Qui le doulx bien de liberté nous oste.

XXXII.

Soit que l'erreur me rende autant suspect,
Que le peché de soy me iustifie,
Ne debuois tu au Temps auoir respect,
Qui tousiours vit, & qui tout verifie?
　Mais l'imposture, ou ton croire se fie,
A faict l'offence, & toy, & moy irrite.
　Parquoy, ainsi qu'a chascun son merite
Requiert esgal, & semblable guerdon,
Meritera mon leger demerite
D'estre puny d'vn plus leger pardon.

XXXIII.

Tant est Naturæ en volenté puissante,
Et volenteuse en son foible pouoir,
Que bien souuent a son vueil blandissante,
Se voit par soy grandement deceuoir.
　A mon instinct ie laisse conceuoir
Vn doulx souhait, qui, non encor bien né,
Est de plaisirs nourry, & gouuerné,
Se paissant puis de chose plus haultaine.
　Lors estant creu en desir effrené,
Plus ie l'attire & plus a soy m'entraine.

XXXIIII.

Ie ne l'ay veuë encor, ne toy congneue
L'erreur, qui tant de coulpe m'imposa:
Sinon que foy en sa purité nue
Causast le mal, a quoy se disposa
Ton leger croire, & tant y reposa,

b 2　Que

Que ton cœur froid s'y mit totallement:
Dont i'ay en moy conclu finablement
De compofer a toute repentence,
Puis que ma vie on veult cruellement
Pour autruy faulte offrir a penitence.

XXXV.

Ia deux Croiffantz la Lune m'à monftré:
Autant de fois plaine nous eft defcreue:
Et deux Soleilz, qui m'ont cy rencontré,
Autant de toy m'ont la memoire creue,
Que m'eft la force en l'attente recreue
Pour le long temps, qui tant nous defaffemble,
Que vie, & moy ne pouons eftre enfemble.
Car le mourir en cefte longue abfence
(Non toutesfois fans viure en toy) me femble
Seruice efgal au fouffrir en prefence.

XXXVI.

Le Forgeron villainement erra,
Combien qu'il fceuft telle eftre fa couftume,
Quand a l'Archier l'aultre traict d'or ferra,
Par qui les cœurs des Amantz il allume.
Car efpargnant, poffible, fon enclume,
Il nous fubmit a eftimable prys,
Pour mieux attraire, & les attraictz furpriz
Conftituer en ferue obeiffance.
Mais par ce traict attrayant Amour pris
Fut afferuy foubz l'auare puiffance.

XXXVII.

Bien paindre sceut, qui feit Amour aueugle,
Enfant, Archier, pasle, maigre, volage:
Car en tirant ses Amans il aueugle,
Amollissant, comme enfantz, leur courage:
Pasles par cure, & maigres par grand rage:
Plus inconstans, que l'Autumne, ou Printēps.
   Aussi, ô Dieu, en noz cœurs tu estens
L'amour par l'Or plaisant, chault, attractif,
Et par le Plomb tu nous rendz mal contentz,
Comme mol, froid, pesant, & retrainctif.

XXXVIII.

Bien fut la main a son peril experte,
Qui sur le dos deux aeles luy paingnit.
   Car lors i'eu d'elle euidente la perte,
Quād moins cuydois, qu'a m'aymer me faignit.
Et neantmoins ma foy me constraingnit
A me fier en son erreur patente.
   O combien peult ceste vertu latente
De croire, & veoir le rebours clerement,
Tant que pour viure en si doubteuse attente,
Ie me deçoy trop vouluntairement.

XXXIX.

Par maint orage ay secouru fortune
Pour asserrer ce Port tant desiré:
Et tant me fut l'heur, & l'heure importune,
Qu'a peine i'ay iusques cy respiré.
   Parquoy voyant, que mon bien aspiré

Me menaſſoit & ruyne, & naufrage,
Ie fey carene attendant a l'vmbrage,
Que voile feit mon aueugle Nocher,
Qui deſpuis vint ſurgir en telle plage,
Qu'il me perdit, luy ſaulue, en ton rocher.

XL.

Quiconques fut ce Dieu, qui m'enſeigna
Celle raiſon, qui d'elle me reuoque,
D'vn trop grand bien, certes, il me daingna:
Pource qu'a mieulx ma voulenté prouoque.
  Auſsi, ô Dieux, par effect reciproque
Ie n'euſſe ſceu a ce bort arriuer,
Sans la vouloir totallement priuer,
De ce, qu'a moy elle fait grand cherté,
  Car loy d'Amour eſt de l'vn captiuer,
L'aultre donner d'heureuſe liberté.

XLI.

Le veoir, l'ouyr, le parler, le toucher
Finoient le but de mon contentement,
Tant que le bien, qu'Amantz ont ſur tout cher,
N'euſt oncques lieu en noſtre accointement.
  Que m'à valu d'aymer honneſtement
En ſaincte amour chaſtement eſperdu?
Puis que m'en eſt le mal pour bien rendu,
Et qu'on me peult pour vice reprocher,
  Qu'en bien aymant i'ay promptement perdu
La veoir, l'ouyr, luy parler, la toucher.

XLII.

Si doulcement le venin de tes yeulx
Par mesme lieu aux fonz du cœur entra,
Que sans douleur le desir soucyeux
De liberté tout seul il rencontra.
Mais l'occupant, peu a peu, penetra,
Ou l'Ame libre en grãd seurté viuoit:
   Alors le sang, qui d'elle chargé auoit,
Les membres laisse, & fuit au profond Puys.
Voulant cacher le feu, que chascun voit.
Lequel ie couure, & celer ne le puis.

XLIII.

Moins ie la voy, certes plus ie la hays:
Plus ie la hays, & moins elle me fasche.
Plus ie l'estime, & moins compte i'en fais:
Plus ie la fuys, plus veulx, qu'elle me sache
   En vn momẽt deux diuers traictz me lasche.

b 4   Amour

Amour, & hayne, ennuy auec plaisir.
   Forte est l'amour, qui lors me vient saisir,
Quand hayne vient, & vengeance me crie:
Ainsi me faict hayr mon vain desir
Celle, pour qui mon cœur tousiours me prie.

XLIIII.

Si le soir pert toutes plaisantes fleurs,
Le temps aussi toute chose mortelle, (pleurs,
Pourquoy veult on me mettre en plainctz &
Disant qu'elle est encor moins, qu'immortelle?
   Qui la pensée, & l'œil mettroit sus elle,
Soit qu'il fut pris d'amoureuse liesse,
Soit qu'il languist d'aueuglée tristesse,
Bien la diroit descendue des Cieulx,
Tant s'en faillant qu'il ne la dist Déesse,
S'il la voyoit de l'vn de mes deux yeulx.

XLV.

Ma face, angoisse a quiconques la voit,
Eust a pitié esmeue la Scythie:
Ou la tendresse, en soy que celle auoit,
S'est soubz le froit de durté amortie.
   Quelle du mal sera donc la sortie,
Si ainsi foible est d'elle l'asseurance?
Auec le front serenant l'esperance,
I'asseure l'Ame, & le Cœur obligez,
Me promettant, au moins, pour deliurance
La Mort, seul bien des tristes affligez.

xlvj.

XLVI.

Si le desir, image de la chose,
Que plus on ayme, est du cœur le miroir,
Qui tousiours fait par memoire apparoir
Celle, ou l'esprit de ma vie repose,
A quelle fin mon vain vouloir propose
De m'esloingner de ce, qui plus me suyt?
　　Plus fuit le Cerf, & plus on le poursuyt,
Pour mieulx le rendre, aux rhetz de seruitude:
Plus ie m'absente, & plus le mal s'ensuyt
De ce doulx bien, Dieu de l'amaritude.

XLVII.

M'eust elle dict, aumoins pour sa deffaicte,
Ie crains, non toy, mais ton affection:
I'eusse creu lors estre bien satisfaicte
La mienne en elle honneste intention.
　　Mais esmouoir si grand dissention
Pour moins, que rien, ne peult estre que faulte:
Faulte ie dy, d'auoir este' mal caulte
A receuoir du bien fruition,
Qui nous eust faictz aller la teste haulte
Trop plus haultains, que n'est l'Ambition.

XLVIII.

Si onc la Mort fut tresdoulcement chere,
A l'Ame doulce ores cherement plaict:
Et si la vie eust onc ioyeuse chere,
Toute contente en ce corps se complaict.
　　A l'vn aggrée, & a l'aultre desplaict.

　　　　　　　　　　b　5　　L'estre

L'estre apparent de ma vaine fumée,
Qui tost estainéte, & soubdain rallumée,
Tient l'esperance en lubrique seiour.
　　Dont, comme au feu le Phœnix, emplumée
Meurt, & renaist en moy cent fois le iour.

XLIX.

Tant ie l'aymay, qu'en elle encor ie vis:
Et tant la vy, que, maulgre moy, ie l'ayme.
Le sens, & l'ame y furent tant rauis,
Que par l'Oeil fault, que le cœur la desayme.
　　Est il possible en ce degré supreme
Que fermeté son oultrepas reuoque?
　　Tant fut la flâme en nous deux reciproque,
Que mon feu luict, quãd le sien clair m'appert.
Mourant le sien, le mien tost se suffoque.
Et ainsi elle, en se perdant, me pert.

L.

Perseuerant en l'obstination
D'vn, qui se veult recouurer en sa perte,
Ie suy tousiours la declination
De ma ruyne euidamment apperte.
　　Car en sa foy, de moy par trop experte,
Ie me prometz le hault bien de mon mieulx.
Elle s'en rit, attestant les haultz Dieux:
Ie voy la faincte, & si ne scay, qu'y faire:
Fors que faisant deluger mes deux yeulx,
Ie masche Abscynce en mon piteux affaire.

L I.

Si grand beaulté, mais bien si grand merueille,
Qui a Phebus offusque sa clarté,
Soit que ie sois present, ou escarté,
De sorte l'ame en sa lueur m'esueille,
Qu'il n'est aduis en dormant, que ie veille,
Et qu'en son iour vn espoir ie preuoy,
Qui de bien brief, sans deslay, ou renuoy,
M'esclercira mes pensées funebres.
   Mais quand sa face en son Mydy ie voy,
A tous clarté, & a moy rend tenebres.

L I I.

Le fer se laisse, & fourbir, & brunir,
Pour se gaigner auec son lustre gloire:
Ou mon trauail ne me fait, qu'embrunir
Ma foy passant en sa blancheur l'yuoire.
   Ie contendrois par dessus la victoire:

Mais

DELIE.

Mais hazardant hazard en mes malheurs,
Las ie me fais despouille a mes douleurs,
Qui me perdantz, au perdre me demeurent,
Me demeurantz seulement les couleurs
De mes plaisirs, qui, me naissantz, me meurent.

LIII.

L'Architecteur de la Machine ronde,
Multipliant sa diuine puissance,
Pour enrichir la poureté du Monde
Crea FRANCOYS d'admirable prestance :
Duquel voulant demonstrer la constance,
Vertu occulte, il l'à soubdain submis
Aux foibles mains de ses fiers ennemys,
Chose sans luy vrayement impossible.
  Puis l'acceptant de ses prouuez amys,
L'à remis sus en sa force inuincible.

LIIII.

Glorieux nom, glorieuse entreprinse
En cœur Royal, hault siege de l'honneur,
Luy feit combatre en si dure surprise
L'hoir de Iason guidé par le bon heur.
De palme aussi le iuste Coronneur
L'en à orné, durant qu'il à vescu.
  Car, se faisant de sa Patrie escu,
Feit confesser a la Fame importune,
Que celuy n'est, ny peult estre vaincu,
Qui combat seul Ennemy, & Fortune.

lv.

LV.

L'Aigle volant plus loing, qu'oncques ne fit,
Cuydoit r'entrer en son Empire antique:
Passa la Mer, ou asses tost deffit
Vn noueau Monstre en ce pays d'Aphrique:
Puis print son vol droict au Soleil Gallique,
Duquel l'ardeur ne viue, ne mourante,
Mais en son chault moderé demourante,
Et s'attrempant, peu a peu lentement
La transinua en vne Austruche errante,
Qui vole bas, & fuit legerement.

LVI.

Le Corps trauaille a forces eneruées,
Se resoluant l'Esprit en autre vie.
Le Sens troublé voit choses controuées
Par la memoire en phantasmes rauie.
Et la Raison estant d'eulx asseruie
(Non aultrement de son propre deliure)
Me detenant, sans mourir, & sans viure,
En toy des quatre à mis leur guerison.
 Doncques a tort ne t'ont voulu poursuyure
Le Corps, l'Esprit, le Sens, & la Raison.

LVII.

Comme celluy, qui iouant a la Mousche,
Estend la main, apres le coup receu,
Ie cours a moy, quand mon erreur me touche,
Me congnoissant par moymesmes deceu.
 Car lors que i'ay clerement apperceu,
Que de

Que de ma foy plainement elle abuse,
Ceste me soit, dy ie, derniere excuse:
Plus ie ne veulx d'elle aulcun bien chercher.
L'ay ie iuré? soubdain ie m'en accuse,
Et, maulgré moy, il me fault cheuecher.

LVIII.

Quand i'apperceu au serain de ses yeulx
L'air esclarcy de si longue tempeste,
Ià tout empeinct au prouffit de mon mieulx,
Comme vn vainqueur d'hónorable conqueste,
Ie commençay a esleuer la teste:
Et lors le Lac de mes nouelles ioyes
Restangna tout, voire dehors ses voyes
Asses plus loing, qu'onques ne feit iadis.
Dont mes pensers guidez par leurs Mõtioyes,
Se paonnoient tous en leur hault Paradis.

LIX.

Taire, ou parler soit permis a chascun,
Qui libre arbitre a sa voulenté lye.
Mais s'il aduient, qu'entre plusieurs quelqu'vn
Te die: Dame, ou ton Amant se oblye,
Ou de la Lune il fainct ce nom Delie
Pour te monstrer, comme elle, estre muable:
Soit loing de toy tel nom vituperable,
Et vienne à qui vn tel mal nous procure.
    Car ie te cele en ce surnom louable,
Pource qu'en moy tu luys la nuict obscure.

lx

LX.

Si c'est Amour, pourquoy m'occit il dõcques,
Qui tant aymay, & onq ne sceuz hair?
Ie ne m'en puis non asses esbahir,
Et mesmement que ne l'offençay oncques:
Mais souffre encor, sãs cõplainctes quelcõques,
Qu'il me consume, ainsi qu'au feu la Cyre.
Et me tuant, a viure il me desire,
Affin qu'aymant aultruy, ie me desayme.
 Qu'est il besoing de plus oultre m'occire,
Veu qu'asses meurt, qui trop vainement ayme?

LXI.

Plus librement, certes, i'accuserois
Le tien vers moy & froid, & lent courage:
Si le deuoir duquel i'abuserois,
Ne te fust honte, & a moy grand'oultrage
 Car la ferueur d'vne si doulce rage
Suspend

Suspend tousiours l'incertain d'amytié:
Qui fait souuent, que vraye inimitié
Se doubte aussi soubz prouuée vnion.
　Mais, si tu veulx, par ta froide pitié
Tu deceuras la mienne opinion.

LXII.

Non celle ardeur du Procyon celeste
Nous fait sentir de Phaeton l'erreur:
Mais cest aspect de la Vierge modeste
Phebus enflamme en si ardente horreur,
Qu'aux bas mortelz vient la froide terreur,
Qui de la peur de leur fin les offense.
　Voy: Seulement la memoire en l'absence
De toy m'eschauffe, & ard si viuement,
Qu'en toy me fait ta diuine presence
Prouuer tousiours l'extreme iugement.

LXIII.

L'Esté bouilloit, & ma Dame auoit chault:
Parquoy Amour villement se desbande,
Et du bandeau l'esuentant bas, & hault,
De ses beaulx yeulx excite flamme grande,
Laquelle au voile, & puis de bande en bande,
Saulte aux cheueulx, dont l'Enfant ardẽt fume.
　Comment, dit il, est ce donc ta coustume
De mal pour bien a tes seruiteurs rendre?
Mais c'est ton feu, dit elle, qui allume
Mon chaste cœur, ou il ne se peult prendre.

lxiiij.

LXIIII.

Des Môtz hautains descendent les ruisseaulx,
Fuyantz au fons des vmbreuses vallés.
Des champz ouuertz & bestes, & oyseaulx
Aux boyz serrez destournent leurs allées,
Les ventz bruyantz sur les vndes sallées,
Soubz creux rochers appaisez se retirent.
    Las de mes yeulx les grandz riuieres tirent
En lieux a tous, fors a elle, euidentz.
Et mes souspirs incessamment respirent,
Tousiours en Terre, & au Ciel residentz.

LXV.

Continuant toy, le bien de mon mal,
A t'exercer, comme mal de mon bien:
I'ay obserué pour veoir, ou bien, ou mal,
Si mon seruice en toy militoit bien.
    Mais bien congneus appertement combien
Mal i'adorois tes premieres faueurs.
Car, sauourant le ius de tes saueurs
Plus doulx asses, que Succre de Madere,
Ie creuz, & croy encor tes deffameurs,
Tant me tient sien l'espoir, qui trop m'adhere.

LXVI.

Tresobseruant d'eternelle amytié
Ie me laissois aux estoilles conduire.
Quand, admirant seulement a moytié
Celle vertu, qui tant la faict reluire,
Soubdain doubtay, qu'elle me pourroit nuire.

Pour estre a tous si grand contentement.
Dont froide peur surprenant lentement
Et Corps, & Cœur, à ià l'Ame conquise:
Tant griefue perte est perdre promptement
Chose par temps, & par labeur acquise.

LXVII.

Amour des siens trop durement piteux
Cacha son arc, abandonnant la Terre.
Delie voit le cas si despiteux,
Qu'auec Venus le cherche, & le deterre.
Garde, luy dist Cypris, qu'il ne t'enferre,
Comme aultresfois mon cœur l'à bien prouué.
Ie ne crains point si petit arc trouué,
Respond ma Dame haultaine deuenue.
Car contre moy l'Archier s'est esprouué:
Mais tout armé l'ay vaincu toute nue.

LXVIII.

Comme lon voit sur les froides pensées
Maintz accidentz maintes fois aduenir,
Ainsi voit on voulentez insensées
Par la memoire a leur mal reuenir.
A tout moment de toy le souuenir
Ores la doubte, ores la foy me baille,
Renouellant en moy celle bataille,
Qui iusqu'en l'Ame en suspend me demeure.
Aussi vault mieux qu'ē doubtāt ie trauaille,
Que, estant certain, cruellement ie meure.

LXIX.

Par le penser, qui forme les raisons,
Comme la langue a la voix les motz dicte:
I'ay consomme' maintes belles saisons
En ceste vie heureusement maudicte.
Pour recouurer celle a moy interdicte
Par ce Tyrant, qui fait sa residence
Là, ou ne peult ne sens, ne prouidence,
Tant est par tout cauteleusement fin.
    Ce neantmoins, maulgre' la repentence,
I'espere, apres long trauail, vne fin.

LXX.

Decrepite' en vielles esperances
Mon ame, las, se deffie de soy.
O Dieux, ô Cieux, oyez mes douleances,
Non de ce mal, que pour elle reçoy:
Mais du malheur, qui, comme i'apperçoy,

Est coniuré par vous en ma ruyne.
 Vysse ie au moins esclercir ma bruyne
Pour vn cler iour en desirs prosperer.
 Las abreué de si forte Alluyne,
Mon esperance est a non esperer.

LXXI.

Si en ton lieu i'estois, ô doulce Mort,
Tu ne serois de ta faulx dessaisie.
O fol, l'esprit de ta vie est ià mort.
Comment? ie voy. Ta force elle à saisie.
Ie parle au moins. Ce n'est que phrenesie.
Viuray ie donc tousiours? non: lon termine
Ailleurs ta fin. Et ou? Plus n'examine.
Car tu viuras sans Cœur, sans Corps, sans Ame,
En ceste mort plus, que vie, benigne.
Puis que tel est le vouloir de ta Dame.

LXXII.

Quiconque à veu la superbe Machine,
Miracle seul de sa seulle beaulté,
Veit le Modelle a ma triste ruyne
Ià tempesté par si grand' cruaulté,
Que piece entiere (hors mise loyaulté)
Ne me resta, non ce peu desperance,
Qui me froissant & foy, & asseurance,
Me feit relique a ma perdition.
 Donc pour aymer encor telle souffrance,
Ie me desayme en ma condition.

LXXIII.

Fuyantz les Montz, tant soit peu, nostre veue,
Leur vert se change en couleur asurée,
Qui plus loingtaine est de nous blanche veue
Par prospectiue au distant mesurée.
　L'affection en moy demesurée
Te semble a veoir vne taincte verdeur,
Qui, loing de toy, esteinct en moy l'ardeur,
Dont près ie suis iusqu'a la mort passible.
　Mais tu scais mieulx, qui peulx par ta gran-
Faciliter, mesmement l'impossible.　(deur

LXXIIII.

Dans son iardin Venus se reposoit
Auec Amour, sa tendre nourriture,
Lequel ie vy, lors qu'il se deduisoit,
Et l'apperceu semblable a ma figure.
　Car il estoit de tresbasse stature,
Moy trespetit: luy passe, moy transy.
Puis que pareilz nous sommes donc ainsi,
Pourquoy ne suis second Dieu d'amytie?
　Las ie n'ay pas l'arc, ne les traictz aussi,
Pour esmouuoir ma Maistresse a pitie.

LXXV.

Pour me despendre en si heureux seruice,
Ie m'espargnay l'estre semblable aux Dieux.
Me pourra donc estre imputé a vice,
Constituant en elle mes hmultz Cieulx?
　Fais seulement, Dame, que de tes yeulx

DELIE.

Me soient tousiours toutes nuisances lentes.
Lors vous, Nuisantz, Dieux des vmbres siletes,
(Me preseruant elle d'aduersité)
Ne m'osterez par forces violentes
Non vn Iota de ma felicité.

LXXVI.

Ie le vouluz, & ne l'osay vouloir,
Pour non la fin a mon doulx mal prescrire.
Et qui me feit, & fait encor douloir,
I'ouuris la bouche, & sur le poinct du dire
Mer, vn serain de son nayf soubrire
M'entreclouit le poursuyure du cy.
    Dont du desir le curieux soucy
De mon hault bien l'Ame ialouse enflamme,
Qui tost me fait mourir, & viure aussi,
Comme s'estainct, & s'auiue ma flamme.

LXXVII.

Au Caucasus de mon souffrir lyé
Dedans l'Enfer de ma peine eternelle,
Ce grand desir de mon bien oblyé,
Comme l Aultour de ma mort immortelle,
Ronge l'esprit par vne fureur telle,
Que consomme d'vn si ardent poursuyure,
Espoir le fait, non pour mon bien, reuiure:
Mais pour au mal renaistre incessamment,
Affin qu'en moy ce mien malheureux viure
Prometheus tourmente innocemment.

lxxviij

LXXVIII.

Ie me complais en si doulce bataille,
Qui sans resouldre, en suspend m'entretient.
Si l'vn me point d'vn coste', l'autre taille
Tout rez a rez de ce, qui me soustient.
    L'vn de sa part tresobstine' maintient,
Que l'espoir n'est, sinon vn vain vmbrage:
Et l'aultre dit desir estre vne rage,
Qui nous conduit soubz aueuglée nuict.
    Mais de si grand, & perilleux naufrage
Ma fermeté retient ce, qui me nuict.

LXXIX.

L'Aulbe estaingnoit Estoilles a foison,
Tirant le iour des regions infimes,
Quand Apollo montant sur l'Orison
Des montz cornuz doroit les haultes cymes.
Lors du profond des tenebreux Abysmes,

c 4   Ou

Ou mon penser par ses fascheux ennuyz
Me fait souuent perçer les longues nuictz,
Ie reuoquay a moy l'ame rauie:
Qui, dessechant mes larmoyantz conduictz,
Me feit cler veoir le Soleil de ma vie.

LXXX.

Au receuoir l'aigu de tes esclairs
Tu m'offuscas & sens, & congnoissance.
Car par leurs rays si soubdains, & si clairs,
I'eu premier peur, & puis resiouissance:
Peur de tumber soubz griefue obeissance:
Ioye de veoir si hault bien allumer.
Osas tu donc de toy tant presumer,
Oeil esblouy, de non veoir, & de croire,
Qu'en me voulant a elle accoustumer,
Facilement i'obtiendrois la victoire?

LXXXI.

Ne t'esbahis, Dame, si celle fouldre
Ne me fusa soubdainement le corps.
Car elle m'eust bien tost reduit en pouldre,
Si ce ne fust, qu'en me tastant alors,
Elle apperçeut ma vie estre dehors,
Heureuse en toy: D'ailleurs, elle n'offense
Que le dedans, sans en faire apparence,
Ce que de toy elle à, certes, appris.
Car ie scay bien, & par experience,
Que sans m'ouurir tu m'as ce mien cœur pris:

LXXXII.

L'ardent desir du hault bien desiré,
Qui aspiroit a celle fin heureuse,
A de l'ardeur si grand feu attiré,
Que le corps vif est ià poussiere Vmbreuse:
Et de ma vie en ce poinct malheureuse
Pour vouloir toute a son bien condescendre,
Et de mon estre ainsi reduit en cendre
Ne m'est resté, que ces deux signes cy:
    L'oeil larmoyant pour piteuse te rendre,
La bouche ouuerte a demander mercy.

LXXXIII.

Vulcan ialoux reprochoit a sa femme,
Que son enfant causoit son vitupere.
Venus cuydant couurir si grand diffame,
Battoit son filz pour complaire a son pere.
    Mais lors Amour plorant luy improupere
Maint cas, dont fut le Forgeron honteux:
Et de vengeance estant trop couuoiteux,
Pourquoy, dist il, m'as tu bandé la face?
Sinon affin qu'en despit du Boyteux
Aucunesfois, non voyant, te frappasse?

LXXXIIII.

Ou le contraire est certes verité,
Ou le rapport de plusieurs est mensonge,
Qui m'à le moins, que i'ay peu, irrité,
Sachant que tout se resouldroit en songe:
Bien que la doubte aucunesfois se plonge

c 5   Sur

Sur le scrupule, ou ta bonté demeure.
 Vray est, qu'alors, tout soubdain, & sur l'heure
Ie ris en moy ces fictions friuoles,
Comme celuy, que plainement s'asseure
Tout en ta foy, thresor de tes parolles.

LXXXV.

Non sur toy seule Enuie à faict ce songe,
Mais en maintz lieux, & plus hault mille fois.
Et si en toy elle est veue mensonge,
Pour verité se troeuue toutesfois.
 Et pour spectacle, ô Albion, tu vois
Malice honneur auiourdhuy contrefaire,
Pour a ta Dame vn tel oultrage faire,
Qu'elle à plus cher a honte, & villainie
De sa Coronne, & de soy se deffaire,
Que veoir Amour ceder a Calumnie.

LXXXVI.

Sur le matin, commencement du iour,
Qui flourit tout en penitence austere,
Ie vy Amour en son triste seiour
Couurir le feu, qui iusque au cœur m'altere.
Descouure, dy ie, ô malin, ce Cotere,
Qui moins offence, ou plus il est preueu.
 Ainsi, dit il, ie tire au despourueu,
Et celément plus droit mes traictz i'asseure.
Ainsi qui cuyde estre le mieulx pourueu
Se fait tout butte a ma visée seure.

LXXXVII.

Ce doux grief mal tant longuement souffert
En ma pensée & au lieu le plus tendre,
De mon bon gré au trauail m'a offert,
Sans contre Amour aulcunement contendre:
Et me vouldrois a plus souffrir estendre,
Si lon pouoit plus grand peine prouuer.
    Mais encor mieulx me feroit esprouuer,
Si par mourir sa foy m'estoit gaignée,
Tant seulement pour me faire trouuer
Doulce la peine au mal accompaignée

LXXXVIII.

Non cy me tien ma dure destinée
Ensepuely en solitaire horreur:
Mais y languit ma vie confinée
Par la durté de ton ingrate erreur:
Et ne te sont ne craincte, ne terreur

Fouldre

DELIE.

Fouldre des Dieux,& ton cruel meffaire.
 Celle s'enflamme a la vengeance faire,
Cestuy t'accuse,& iustice demande.
Pourras tu donc,toy seule,satisfaire
A moy,aux Dieux,a ta coulpe si grande?

LXXXIX.

Amour perdit les traictz,qu'il me tira,
Et de douleur se print fort a complaindre:
Venus en eut pitié,& souspira,
Tant que par pleurs son brádon feit esteindre,
Dont aigrement furent cõtrainctz de plaindre:
Car l'Archier fut sans traict,Cypris sans flâme.
 Ne pleure plus,Venus:Mais bien enflâme
Ta torche en moy,mon cœur l'allumera:
Et toy,Enfant,cesse:va vers ma Dame,
Qui de ses yeux tes flesches refera.

XC.

Par ce hault bien,qui des Cieulx plut sur toy,
Tu m'excitas du sommeil de paresse:
Et par celuy qu'ores ie ramentoy,
Tu m'endormis en mortelle destresse.
 Luy seul a viure euidemment m'adresse,
Et toy ma vie a mort as consommée.
 Mais(si tu veulx)vertu en toy nommée,
Agrandissant mes espritz faictz petitz.
De toy,& moy fera la renommée
Oultrepasser & Ganges,& Bethys.

Osté du col de la doulce plaisance,
Fu mis es bras d'amere cruauté,
Quand premier i'eu nouelle congnoissance
De celle rare, & diuine beauté,
Qui obligea ma ferme loyaulté
Au froid loyer de si grand seruitude.
 Non que i'accuse en toy nature rude:
Mais a me plaindre à toy m'a incité
L'auoir perdu en telle ingratitude
Les meilleurs ans de ma felicité.

C I.

Sur nostre chef gettant Phebus ses rayz,
Faisoit bouillir de son cler iour la None:
Aduis me fut de veoir en son taint frais
Celle, de qui la rencontre m'estonne,
De qui la voix si fort en l'ame tonne:
Que ne puis d'elle vn seul doulx mot ouir:
Et de qui l'oeil vient ma veue esblouir,
Tant qu'aultre n'est, fors elle, a mes yeux belle.
 Me pourra donc tel Soleil resiouir,
Quand tout Mydi m'est nuict, voire eternelle?

C I I.

Oeil Aquilin, qui tant osas souffrir
Les rayz aiguz de celle clarté saincte,
A qui Amour vaincu se vint offrir,
Donc de ses traictz tu la veis toute ceincte,
N'aperçoys tu, que de tes maulx enceincte,

Elle

Elle te fait tant de larmes pleuuoir.
  Vueillent les Cieulx par vn bening debuoir,
Tes pleurs si grandz si largement deduire,
Qu'elle les voye en vn ruisseau mouoir,
Qui, murmurant, mes peines puisse dire.

CIII.

Si treslas fut d'enuironner le Monde
Le Dieu volant, qu'en Mer il s'abysma:
Mais retournant a chef de temps sur l'vnde,
Sa Trousse print, & en fuste l'arma:
De ses deux traictz diligemment rama,
De l'arc fit l'arbre, & son bendeau tendit
Aux ventz pour voile, & en Port descendit
Tresioyeux d'estre arriué seurement.
  Ainsi Amour, perdu a nous, rendit
Vexation, qui donne entendement.

CIIII.

Ton hault sommet, ô Mont a Venus saincte,
De tant d'esclairs tant de fois coronné,
Monstre ma teste estre de sanglotz ceincte,
Qui mon plus hault tiennent enuironné.
  Et ce Brouas te couurant estonné,
De mes souspirs descouure la bruyne.
  Tes Aqueductz, deplorable ruyne,
Te font priser par l'iniure du Temps,
Et mes yeulx secz de leau, qui me ruyne,
Me font du Peuple, & d'elle passe temps.

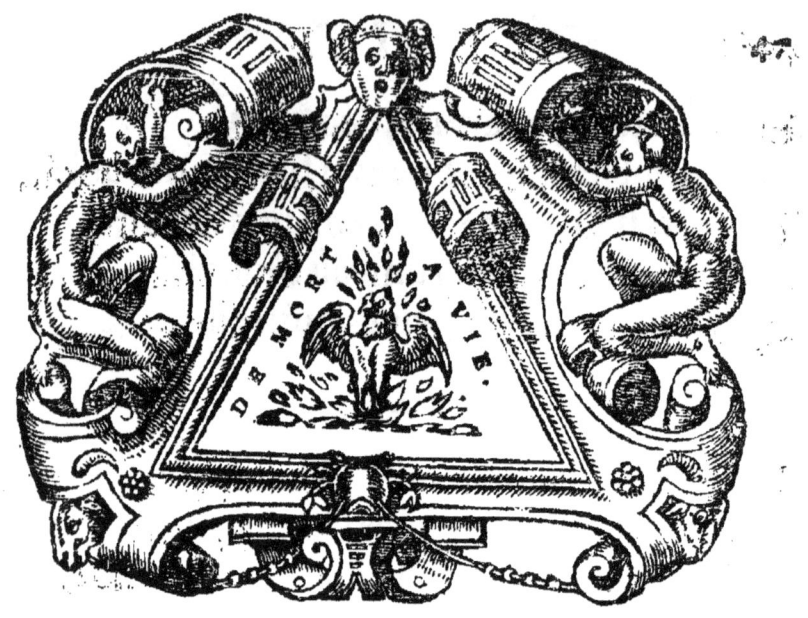

C V.

Te voyant rire auecques si grand grace,
Ce doulx soubris me donne espoir de vie,
Et la doulceur de ceste tienne face
Me promect mieulx de ce, dont i'ay enuie.
   Mais la froideur de ton cœur me conuie
A desespoir, mon desseing dissipant.
Puis ton parler du Miel participant
Me remet sus le desir, qui me mort.
   Parquoy tu peulx, mon bien anticipant,
En vn moment me donner vie, & mort.

C V I.

A contempler si merueilleux spectacle,
Tu anoblis la mienne indignité.
Pour estre toy de ce Siecle miracle,
Restant merueille a toute eternité,
Ou la Clemence en sa benignité,

Reuere

Revere a soy Chastete' Presidente
Si hault au ciel de l'honneur residente,
Que tout aigu d'oeil vif n'y peult venir.
  O vain desir, ô folie euidente,
A qui de faict espere y paruenir.

CVII.

Le Dieu Imberbe au giron de Thetys
Nous fait des motz les grādz vmbres descēdre:
Moutons cornuz, Vaches, & Veaulx petitz,
En leurs parcz clos serrez se viennent rendre.
  Lors tout viuant a son repos veult tendre,
Ou dessus moy noueau resueil s'espreuue
  Car moy constraint, & par forcée preuue.
Le soir me couche esueille' hors de moy,
Et le matin veillant aussi me treuue,
Tout esploré en mon piteux esmoy.

CVIII.

Fusse le moins de ma calamité
Souffrir, & viure en certaine doubtance:
I'aurois au moins, soit en vain, limité
Le bout sans fin de ma vaine esperance.
  Mais tous les iours gruer soubz l'asseurance,
Que ceste fiebure aura sa guerison,
Ie dy, qu'espoir est la grand prurison,
Qui nous chatouille a toute chose extreme,
Et qui noz ans vse en doulce prison,
Cōme vn Printēps soubz la maigre Caresme.

cix.

CIX.

L'oysiueté des delicates plumes,
Lict coustumier, non point de mon repos,
Mais du trauail, ou mon feu tu allumes,
Souuentesfois, oultre heure, & sans propos
Entre ses drapz me detient indispos,
Tant elle m'à pour son foible ennemy.
    Là mon esprit son corps laisse endormy
Tout transformé en image de Mort,
Pour te monstrer, que lors homme a demy,
Vers toy suis vif, & vers moy ie suis mort.

CX.

Sur le matin, songeant profondement,
Ie vy ma Dame auec Venus la blonde.
Elles auoient vn mesme vestement,
Pareille voix, & semblable faconde:
Les yeulx riantz en face, & teste ronde
Auec maintien, qui le tout compassoit.
    Mais vn regret mon cœur entrelassoit,
Apperceuant ma Maistresse plus belle.
Car Cytarée en pitié surpassoit
Là, ou Delie est tousiours plus rebelle.

CXI.

Bien qu'on me voye oultre mode esiouir,
Ce mien trauail toutesfois peine endure,
I'ay certes ioye a ta parolle ouir
A mon ouye asses tendrement dure:
Et ie m'y pene affin que tousiours dure

d   L'intention

DELIE.

L'intention de nostre long discours.
Mais quand au but de mō vouloir ie cours,
Tes voulentez sont ailleurs declinées,
Parquoy tousiours en mon trauaillé cours
Tu fuys, Daphnes, ardeurs Apollinées.

CXII.

Suyuant celuy, qui pour l'honneur se iecte,
Ou pour le gaing, au peril dangereux,
Ie te rendy ma liberté subiecte,
Pour l'affranchir en viure plus heureux.
Apres le sault ie m'estonnay paoureux
Du grand Chaos de si haulte entreprise,
Ou plus i'entray, & plus ie trouuay prise
L'Ame abysmée au regret, qui la mord.
Car tout le bien de l'heureuse surprise
Me fut la peur, la douleur, & la Mort.

CXIII.

L'affection d'vn trop haultain desir
Me benda l'oeil de la raison vaincue:
Ainsi conduict par l'incongneu plaisir,
Au Regne vmbreux ma vie s'est rendue.
Lors debendant ceste face esperdue,
Ie vy de loing ce beau champ Elisée,
Ou ma ieunesse en son rond Colisée
Satyrisoit contre Solicitude,
Qui liberté, de moy tant fort prisée,
M'auoit changée en si grand seruitude.

Ie vy

CXIIII.

Ie vy aux raiz des yeulx de ma Deesse
Vne clarté esblouissamment plaine
Des esperitz d'Amour, & de liesse,
Qui me rendit ma fiance certaine
De la trouuer humainement haultaine.
   Tant abondoit en faueur, & en grace,
Que toute chose, ou qu'elle dye, ou face,
Cent mille espoirs y sont encor compris.
   Et par ainsi, voyant si doulce face,
Ou moins craingnoys, là plus tost ie fus pris.

CXV.

I'attens ma paix du repos de la nuict,
Nuict refrigere a toute aspre tristesse:
Mais s'absconsant le Soleil, qui me nuyt,
Noye auec soy ce peu de ma liesse.
   Car lors ieétant ses cornes la Deesse,

d 2   Qui

Qui du bas Ciel esclere la nuict brune,
Renaist soubdain en moy celle aultre Lune
Luisante au centre, ou l'Ame a son seiour.
Qui, m'excitant a ma peine commune,
Me fait la nuict estre vn penible iour.

CXVI.

Fortune forte a mes vœutz tant contraire
Oste moy tost du mylieu des Humains.
Ie ne te puis a mes faueurs attraire:
Car ta Dame à ma rouë entre ses mains.
Et toy, Amour, qui en as tué maintz:
Elle à mon arc pour nuire, & secourir.
Aumoins toy, Mort, vien acoup me ferir:
Tu es sans Cœur, ie n'ay puissance aulcune.
Donc (que crains tu?) Dame, fais me mourir,
Et tu vaincras, Amour, Mort, & Fortune.

CXVII.

Seroit ce point fiebure, qui me tourmente,
Brulant de chault, tremblant aussi de froit?
C'est celle ardeur, que i'ay si vehemente,
Qui tant plus sent ta froideur, tant plus croit,
Bien que ton froit surprimer la vouldroit
Taschant tousiours à me faire nuisance.
Mais, côme puis auoir d'eulx côgnoissance,
Ilz sont (tous deux) si fortz en leur poursuiure,
Que froit, & chault, pareilz en leur puissance,
Me font languir sans mourir, & sans viure.

CXVIII.

Mars amoureux voulut baiser ma Dame,
Pensant que fust Venus sa bien aymée.
Mais contre luy soubdain elle s'enflamme,
Et luy osta son espée enfumée.
　Quand ie la vy en ce poinct estre armée.
Fais, dy ie lors, de ceste Cymeterre,
Que ie descende auec mes maulx soubz terre.
　Va: ta demande est, dit elle, importune.
Car i'en veulx faire a tous si forte guerre,
Qu'aulcun n'aura sur moy victoire aulcune.

CXIX.

De l'arc d'Amour tu tires, prens, & chasses
Les cœurs de tous a t'aymer curieux:
Du Bracquemart de Mars tu les deschasses
Tant, que nul n'est sur toy victorieux.
　Mais veulx tu faire acte plus glorieux,
Et digne asses d'eternelle memoire?
Pour t'acquerir perpetuelle gloire,
Rendz son espée a ce Dieu inhumain,
Et a l'Archier son arc fulminatoire,
Et tes Amantz fais mourir de ta main.

CXX.

Lors que le Soir Venus au Ciel r'appelle,
Portant repos au labeur des Mortelz,
Ie voy leuer la Lune en son plain belle,
Ressuscitant mes soucys immortelz,
Soucys, qui point ne sont a la mort telz,

Que ceulx, que tient ma pensée profonde.
O fusses tu, Vesper, en ce bas Monde,
Quand celle vient mon Enfer allumer.
Lors tu verroys, tout autour à la ronde,
De mes souspirs le Montgibel fumer.

CXXI.

Longue silence, ou ie m'auainissoys
Hors la memoyre & des Dieux, & des hômes,
Fut le repos, ou ie me nourrissoys
Tout deschargé des amoureuses sommes.
 Mais, comme aduient, quãd a souhait nous
De nostre bien la Fortune enuieuse (sommes,
Trouble ma paix par troys lustres ioyeuse,
Renouellant ce mien feu ancien.
Dont du grief mal l'Ame toute playeuse
Fait resonner le circuyt Plancien.

CXXII.

En deuisant vn soir me dit ma Dame,
Prens ceste pomme en sa tendresse dure,
Qui estaindra ton amoureuse flamme,
Veu que tel fruict est de froide nature :
Adonc aura congrue nourriture
L'ardeur, qui tant d'humeur te fait pleuuoir.
 Mais toy, luy dy ie, ainsi que ie puis veoir,
Tu es si froide, & tellement en somme,
Que si tu veulx de mon mal cure auoir,
Tu estaindras mon feu mieulx, que la pomme.

cxxiij.

CXXIII.

O ans, ô moys, sepmaines, iours, & heures,
O interualle, ô minute, ô moment,
Qui consumez les durtez, voire seures,
Sans que lon puisse apperceuoir comment,
Ne sentez vous, que ce mien doulx tourment
Vous vse en moy, & voz forces deçoit?
    Si donc le Cœur au plaisir, qu'il reçoit,
Se vient luy mesme a martyre liurer:
Croire fauldra, que la Mort doulce soit,
Qui l'Ame peult d'angoisse deliurer.

CXXIIII.

Par ton regard seuerement piteux
Tu mesblouis premierement la veue:
Puis du regard de son feu despiteux
Surpris le Cœur, & l'Ame a l'impourueue,
Tant que despuis, apres mainte reueue,

            d 4   l'ars

Pars de plus fort sans nouelle achoison.
　Ce mesme temps la superbe Toison
D'ambition, qui a tout mal consent,
Toute aueuglée espandit sa poison
Dessus le iuste, & Royal innocent.

C X X V.

Insatiable est l'appetit de l'homme
Trop effrené en sa cupidité,
Qui de la Terre ayant en main la pomme,
Ne peult saouler si grand' auidité:
Mais (ô l'horreur) pour sa commodité
Viole foy, honneur, & innocence.
　Ne pleure plus, France: Car la presence
Du sang d'Abel deuant Dieu criera
Si haultement que pour si grande offence
L'aisné Cain deuant toy tremblera.

C X X V I.

Pour m'enlasser en mortelles deffaictes
Tu m'afoiblis le fort de ton pouoir:
Soit que couurir esperances deffaictes
Face vn bien peu d'espoir apperceuoir,
Si ne peult on non asses conceuoir
A quelle fin ton vouloir se dispose.
　Parquoy mon bien, qui en ta foy repose,
Au long souffrir patiemment m'enhorte:
Car aussi bien ta cruaulté propose
De me donner, comme a mort, vie morte.

CXXVII.

Le hault penser de mes frailes desirs
Me chatouilloit a plus haulte entreprise,
Me desrobant moymesme a mes plaisirs,
Pour destourner la memoire surprise
Du bien, auquel l'Ame demoura prise:
Dont, comme neige au Soleil, ie me fondz
Et mes souspirs dès leurs centres profondz
Si haultement esleuent leurs voix viues,
Que plõgeant l'Ame, & la memoire au fondz,
Tout ie m'abysme aux oblieuses riues.

CXXVIII.

Petit obiect esmeult grande puissance,
Et peu de flamme attrait l'oeil de bien loing.
Que fera donc entiere congnoissance,
Dont on ne peult se passer au besoing?
Ainsi Honneur plus tost quicteroit soing,
Plus tost au Temps sa Clepsidre cherroit,
Plus tost le Nom sa trompette lairroit,
Qu'en moy mourust ce bien, donc i'ay enuie.
Car, me taisant de toy on me verroit
Oster l'esprit de ma vie a ma vie.

CXXIX.

L'Aigle des Cieulx pour proye descendit,
Et sur ma Dame hastiuement se poulse:
Mais Amour vint, qui le cas entendit,
Et dessus luy employe & arc, & Trousse.
Lors Iupiter indigné se courrouce,

d 5 Et

Et l'Archier fuit aux yeulx de ma Maistresse,
A qui le Dieu crie plain de tristesse,
Ie veulx, Venus, ton filz, qui a mespris.
Delie suis, dit elle, & non Déesse:
Prendre cuydois, dit il, mais ie suis pris.

CXXX.

Tu celle fus, qui m'obligeas premiere
En vn seul corps a mille Creanciers:
Tu celle fus, qui causas la lumiere,
Dont mes souspirs furent les Encenciers.
    Mais vous, Souciz, prodigues despenciers
De paix tranquille, & vie accoustumée,
Meites la flambe en mon ame allumée,
Par qui le Cœur souffre si grandz discordz,
Qu'apres le feu estaincte la fumée
Viura le mal, auoir perdu le Corps.

CXXXI.

De ces haultz Montz iettant sur toy ma veue,
Ie voy les Cieulx auec moy larmoier:
Des Bois vmbreux ie sens a l'impourueue,
Comme les Bledz, ma pensée vndoier.
    En tel espoir me fait ores ploier,
Duquel bien tost elle seule me priue.
Car a tout bruyt croyant que lon arriue,
I'apperçoy cler, que promesses me fuyent.
    O fol desir, qui veult par raison viue,
Que foy habite, ou les Ventz legers bruyent.

CXXXII.

Vaincre elle sçait hommes par sa valeur,
Et par son sens l'oultrageuse Fortune:
Et toutesfoys ne peult a mon malheur
Remedier, se voyant opportune
Pour bienheurer trop plus grand' infortune,
Laissant mon cas suspendre a nonchaloir.
   Mais si des Cieulx pour me faire douloir,
A tous benigne, a moy est inhumaine,
De quoy me sert mon obstiné vouloir?
Contre le Ciel ne vault deffence humaine.

CXXXIII.

Si Apollo restrainct ses raiz dorez,
Se marrissant tout honteux soubz la nue,
C'est par les tiens de ce Monde adorez,
Desquelz l'or pur sa clairté diminue.
   Parquoy soubdain, qu'icy tu es venue,

Estant

Estant sur toy, son contraire, enuieux,
A congelé ce Brouas pluuieux,
Pour contreluſtre à ta diuine face.
Mais ton tainct frais vainct la neige des cieulx,
Comme le iour la clere nuict efface.

CXXXIIII.

Enſeuely long temps ſoubz la froideur
Du Marbre dur de ton ingratitude,
Le Corps eſt ià en ſa foible roideur
Extenué de ſa grand' ſeruitude:
Dont ame, & cœur par ta nature rude
Sont ſans mercy en peine oultrepaſſez.
   O auiourd'huy, bienheureux treſpaſſez,
Pour voſtre bien tout deuot intercede:
Mais pour mes maulx en mon tourment laſſez
Celle cruelle vn Purgatoire excede.

CXXXV.

A l'embrunir des heures tenebreuſes,
Que Somnus lent pacifie la Terre.
Enſeuely ſoubz Cortines vmbreuſes,
Songe a moy vient, qui mon eſprit deſſerre,
Et tout aupres de celle là le ſerre,
Qu'il reueroit pour ſon royal maintien.
   Mais par ſon doulx, & priué entretien
L'attraict tant ſien, que puis ſans crainct̃e aul-
Il m'eſt aduis, certes, que ie la tien,   (cune
Mais ainſi, comme Endimion la Lune.

cxxxviij.

CXXXVI.

L'esprit, qui fait tous tes membres mouoir
Au doulx concent de tes qualitez sainctes,
A eu du Ciel ce tant heureux pouoir
D'enrichir l'Ame, ou Graces tiennent ceinctes
Mille Vertus de mille aultres enceinctes,
Comme tes faictz font au monde apparoistre.
   Si transparent m'estoit son chaste cloistre
Pour reuerer si grand' diuinité,
Ie verrois l'Ame, ensemble & le Corps croistre,
Auant leur temps, en leur eternité.

CXXXVII.

Ce bas Soleil, qui au plus hault fait honte,
Nous à daigné de sa rare lumiere,
Quand sa blancheur, qui l'yuoire surmonte,
A esclercy le brouillas de Fouruiere:
Et s'arrestant l'vne, & l'aultre riuiere,
Si grand' clarté s'est icy demonstrée,
Que quád mes yeulx l'ont soubdain rencótrée,
Ilz m'ont perdu au bien, qui seul me nuict.
   Car son cler iour serenant la Contrée,
En ma pensée a mys l'obscure nuict.

CXXXVIII.

Le iour passé de ta doulce presence
Fust vn serain en hyuer tenebreux,
Qui fait prouuer la nuict de ton absence
A l'œil de l'ame estre vn temps plus vmbreux,
Que n'est au Corps ce mien viure encómbreux,
                 Qui

Qui maintenant me fait de soy refus.
　Car dès le poinct, que partie tu fus,
Comme le Lieure accroppy en son giste,
Ie tendz l'oreille, oyant vn bruyt confus,
Tout esperdu aux tenebres d'Egypte.

CXXXIX.

Tant me fut lors cruellement piteuse
L'affection, qui en moy s'estendit,
Que quand la voix hardie, & puis honteuse
Voulut respondre, vn seul mot ne rendit:
Mais, seulement souspirant, attendit,
Que lon luy dist: ou penses tu attaindre?
　Ainsi veoit on la torche en main s'estaindre,
Si en temps deu on laisse a l'esmouoir,
Qui, esbranlée vn bien peu, sans se faindre
Fait son office ardent a son pouoir.

CXL.

Delia ceincte, hault sa cotte attournée,
La trousse au col, & arc, & flesche aux mains,
Exercitant chastement la iournée,
Chasse, & prēt cerfz, biches, & cheureulx maîts.
　Mais toy, Delie, en actes plus humains
Mieulx composée, & sans violentz dardz,
Tu venes ceulx par tes chastes regardz,
Qui tellement de ta chasse s'ennuyent:
Qu'eulx tous estantz de toy sainctement ardz,
Te vont fuyuant, ou les bestes la fuyent.

CXLI.

Le bon Nocher se monstre en la tempeste,
Et le Souldart au seul conflict se proeuue:
Aussi Amour sa gloire, & sa conqueste
Par fermeté en inconstance esproeuue.
 Parquoy souuét en maintz lieux il me troeuue
Ou audeuant me presente vn obiect
Auec si doulx, & attrayant subiect,
Que ma pensée, a peu pres s'y transmue,
Bien que ma foy, sans suyure mon proiect,
C'à, & là tourne, & point ne se remue.

CXLII.

Le Vespre obscur a tous le iour clouit
Pour ouurir l'Aulbe aux limbes de ma flâme:
Car mon desir par ta parolle ouyt,
Qu'en te donnant a moy, tu m'estois Dame.
 Lors ie sentis distiler en mon ame

Le bien

Le bien du bien, qui tout aultre surmonte.
Et neantmoins, asses loing de mon compte,
Pitié te feit tendrement proferer
Ce doulx nenny, qui flamboyant de honte,
Me promit plus qu'onc n'osay esperer.

CXLIII.

Saincte Vnion pouoit seule accomplir
L'intention, que sa loy nous donna,
Comme toy seule aussi debuois supplir
Au bien, qu'a deux elle mesme ordonna.
A luy & Corps, & Foy abandonna:
A moy le Cœur, & la chaste pensée.
Mais si sa part est ores dispensée
A recepuoir le bien, qu'Amour despart,
La mienne est mieulx en ce recompensée,
Que apres Amour, la Mort n'y aura part.

CXLIIII.

Qui ce lien pourra iamais dissouldre,
Si la raison a ce nous contraingnit?
Amour le noud lassa, & pour l'absouldre
Foy le noua, & le temps l'estraingnit.
Premier le Cœur, & puis l'Ame ceingnit
En noud si doulx, & tant indissoluable,
Qu'oultre le bien, qui me tien redeuable,
I'espereray en seure indamnité,
Et preuueray par effect ia prouuable
En Terre nom, au Ciel eternité.

CXLV.

L'heur de nostre heur enflambant le desir
Vnit double ame en vn mesme pouoir:
L'vne mourant vit du doulx desplaisir,
Qui l'autre viue à fait mort receuoir.
 Dieu aueugle, tu nous as fait auoir
Sans aultrement ensemble consentir,
Et posseder, sans nous en repentir,
Le bien du mal en effect desirable:
Fais que puissions aussi long temps sentir
Si doulx mourir en vie respirable.

CXLVI.

De la mort rude a bon droit me plaindrois,
Qui a mes vœutz tendit oreilles sourdes:
Contre l'Aueugle aussi ne me faindrois,
Pyrouettant sur moy ses fallebourdes,
Si par fortune en ses trauerses lourdes
Ne fust ma ioye abortiuement née.
 La fin m'auoit l'heure determinée
Amour soubdain l'effect executa:
 Occasion seule predestinée
Causa le brief, qui me persecuta.

CXLVII.

Non tant me nuict ceste si longue absence
Que mal me feit le bref departement.
Car le present de l'heureuse presence
Eust le futeur deceu couuertement.
 Vous, ô haultz cieulx veites apertement,

e   Qu'onques

Qu'onques en moy ne pensay d'approcher
Le bien, que i'ay tousiours eu sur tout cher:
Aussi par vous la Fortune benigne
Le me feit veoir, & presqu'au doigt toucher,
M'en retirant, comme sans vous indigne.

CXLVIII.

Bien fortune' celuy se pouuoit dire,
Qui vint, affin qu'en voyant il vainquist:
Mais plus grand heur le sort me deut ascrire,
Qui tel souhaict inespere' m'acquit,
Me submettant celle, qui me conquit
A transformer son sauluage en humain.
 Non que ne soit trop plus, qu'a ce Romain,
Mon chemin aspre, aussi de plus grand' gloire,
Car en vainquant tumber dessoubz sa main,
M'a este' voye, & veue, & puis victoire.

CXLIX.

A Cupido ie fis maintz traictz briser
Sans que sur moy il peut auoir puissance,
Et pour me vaincre il se va aduiser
De son arc mettre en ton obeissance:
 Point ne faillit, & i'en euz congnoissance,
Bien que pour lors fusse sans iugement.
Et toutesfois i'apperçeuz clerement,
Que tes sourcilz estoient d'Amour les arcz.
 Car tu n'auras mon cœur trop asprement
Par les longz traictz de tes perceanz regardz.

cl.

CL.

Comme des raiz du Soleil gracieux
Se paissent fleurs durant la Primeuere,
Ie me recrée aux rayons de ses yeulx,
Et loing, & près autour d'eulx perseuere.
Si que le Cœur, qui en moy la reuere,
La me fait veoir en celle mesme essence,
Que feroit l'Oeil par sa belle presence,
Que tant ie honnore, & que tant ie poursuys:
   Parquoy de rien ne me nuyt son absence,
Veu qu'en tous lieux, maulgré moy, ie la suys.

CLI.

Celle pour qui ie metz sens, & estude
A bien seruir, m'à dit en ceste sorte:
Tu voys asses, que la grand seruitude,
Où lon me tient, me rend en ce poinct morte.
   Ie pense donc, puis qu'elle tient si forte

c 2   La

La peine,qu'à le sien corps seulement,
Qu'elle croira,que mon entendement,
Qui pour elle à cœur,& corps asseruy,
Me fera dire estre serf doublement,
Et qu'en seruant i'ay amour deseruy.

CLII.

Le souuenir,ame de ma pensée,
Me rauit tant en son illusif songe,
Que,n'en estant la memoyre offensée,
Ie me nourris de si doulce mensonge.
 Or quand l'ardeur,qui pour elle me ronge,
Contre l'esprit sommeillant se hazarde,
Soubdainement qu'il s'en peult donner garde,
Ou qu'il se sent de ses flammes greué,
En mon penser soubdain il te regarde,
Comme au desert son Serpent esleué.

CLIII.

En toy ie vis,ou que tu sois absente:
En moy ie meurs,ou que soye present.
Tant loing sois tu,tousiours tu es presente:
Pour pres,que soye,encores suis ie absent.
 Et si nature oultragée se sent
De me veoir viure en toy trop plus,qu'en moy:
Le hault pouoir,qui ouurant sans esmoy,
Infuse l'ame en ce mien corps passible,
La preuoyant sans son essence en soy,
En toy l'estend,comme en son plus possible.

cliiij.

CLIIII.

Amour si fort son arc roide enfonsa
Pour esprouuer dessus moy sa puissance,
Que quand le traict delasche s'absconsa
Au fondz du cœur d'entiere congnoissance.
Sa poincte entra au dur de resistance:
Et là tremblant, si grand coup à donné,
Qu'en s'arrestant, le creux à resonné
De pensée alors de cures vuyde.
  Dont mon esprit de ce trouble estonné,
Comme insensé, a toute heure oultrecuyde.

CLV.

Donc admirant le graue de l'honneur,
Qui en l'ouuert de ton front seigneurie,
Ie priueray mon sort de ce bon heur,
Que ie me fains en ma ioye perie?
Ny pour espoir de mieulx, qui me supplie,
Si hault poursuyure en son cours cessera?
  Iamais tel loz son plus ne laissera,
Pour s'amoindrir a aultres biens friuoles:
Et pour soulas a son trauail sera
L'Ambre souef de ses haultes parolles.

CLVI.

Le doulx sommeil de ses tacites eaux
D'obliuion m'arousa tellement,
Que de la mere, & du filz les flambeaux
Ie me sentois estainctz totallement,
Ou le croyois: & specialement,

Que la nuict est a repos inclinée.
　Mais le iour vint, & l'heure destinée,
Ou, reuirant, mille foys ie mouruz,
Lors que vertu en son zele obstinée
Perdit au Monde Angleterre, & Morus.

CLVII.

Voy que l'Hyuer tremblant en son seiour,
Aux châps tous nudz sont leurs arbres failliz.
Puis le Printemps ramenant le beau iour,
Leur sont bourgeós, fueilles, fleurs, fruictz sail-
　Arbres, buissons, & hayes, & tailliz　　(liz:
Se crespent lors en leur gaye verdure.
　Tant que sur moy le tien ingrat froit dure,
Mon espoir est denue' de son herbe:
Puis retournant le doulx Ver sans froidure
Mon An se frise en son Auril superbe.

CLVIII.

Et Helicon, ensemble & Parnasus,
Hault Paradis des poetiques Muses,
Se demettront en ce bas Caucasus:
Ou de Venus les troys sainctes Meduses
Par le naif de tes graces infuses
Confesseront (toutesfoys sans contraincte)
La Deité en ton esprit empraincte
Thresor des Cieulx, qui s'en sont deuestuz
Pour illustrer Nature a vice astraincte,
Ore embellie en tes rares vertus.

　　　　　　　　　　　　clix.

CLIX.

Ou sa bonté par vertu attractiue,
On sa vertu par attrayant bonté,
Moytié bon gré, & viue force actiue,
M'à tellement a son plaisir dompté,
Que i'ay permis son vouloir ià monté
Sur le plus hault de ma fermeté croistre:
Et là s'estendre, & a tous apparoistre
Pour ma deffence, & contre ma ruyne.
    Mais, comme puis a l'esprœuue cognoistre,
Son amytié, peu a peu, me ruyne.

CLX.

Au moins peulx tu en toy imaginer,
Quelle est la foy, qu'Amour en mon cœur lye.
Car, luy croissant, ou il deburoit finer,
Tout aultre bien pour le tien elle oblie:
Ne pour espoir de mieulx, qui me supplie,

Tousiours elle est plus loyalle en sa proeuue.
  Parquoy alors que fermeté se troeuue
En celle craincte, ou perte vne mort liure,
Plus nuict la peur du mal a qui l'esproeuue,
Que la douleur a qui ià s'en deliure.

CLXI.

Ie sens le noud de plus en plus estraindre
Mon ame au bien de sa beatitude,
Tant qu'il n'est mal qui la puisse constraindre
A delaisser si doulce seruitude.
  Et si n'est fieburé en son inquietude
Augmentant plus son alteration,
Que fait en moy la variation
De cest espoir, qui, iour & nuict, me tente.
  Quelle sera la delectation,
Si ainsi doulce est l'vmbre de l'attente?

CLXII.

Morte esperance au giron de pitié,
Mouroit le iour de ma fatalité,
Si le lyen de si saincte amytié
Ne m'eust restraint a immortalité:
Non qu'en moy soit si haulte qualité,
Que l'immortel d'elle se rassasie.
  Mais le grillet, ialouse fantasie,
Qui sans cesser chante tout ce, qu'il cuyde,
Et la pensée, & l'Ame ayant saisie,
Me laisse vif a ma doulce homicide.

CLXIII.

La Mort est paste, & Cupido transi:
La Parque aueugle, & l'enfant n'y voit point.
Atropos tue, & nous prent sans mercy,
L'archier occit, quand il luy vient a point.
Par eux en fin chascun se trœuue poinct,
Comme de poincte & l'vn l'autre tire.
 Mais, quāt a moy, pour m'oster de martyre
I'ayme trop mieulx a la Mort recourir.
Car qui vers toy, ô Amour, se retire,
Sans cœur ne peult a son besoing mourir.

CLXIIII.

Ce froit tremblant ses glacées frisons
Cuysant le Corps, les mouelles consume.
Puis la chaleur par ardentes cuysons
Le demourent violemment escume.
 Lors des souspirs la cheminée fume,
Tant qu'au secours vient le doulx souuenir,
Qui double estaint a son bref suruenir,
Soufpeçonant a ma paix quelque scysme.
 Et quand i'ay pensé, & le cuyde aduenir,
Ma fiebure r'entre en plus grand parocisme.

CLXV.

Estre ne peult le bien de mon malheur
Plus esleue' sur sa triste Montioye.
Que celuy là, qui estaint la douleur
Lors que ie deusse augmenter en ma ioye.
 Car a toute heure il m'est aduis, que i'oye

e 5 Celle

Celle parler a son heureux Consort:
Et le doulx son, qui de sa bouche sort,
Me fait fremir en si ardente doubte,
Que desdaingnant & la loy, & le sort,
Tout hors de moy du droit ie me deboute.

CLXVI.

Me rauissant ta diuine harmonie
Souuentesfois iusques aux Cieulx me tire:
Dont transporté de si doulce manye,
Le Corps tressue en si plaisant martyre,
Que plus i'escoute, & plus a soy m'attire
D'vn tel concent la delectation.
   Mais seulement celle prolation
Du plus doux nom, que proferer ie t'oye,
Me confont tout en si grand' passion,
Que ce seul mot fait eclipser ma ioye.

CLXVII.

L'air tout esmeu de ma tant longue peine
Pleuroit bien fort ma dure destinée:
La Bise aussi auec sa forte alaine
Refroidissoit l'ardente cheminée.
Qui, iour & nuict, sans fin determinée
M'eschaulfe l'Ame, & le Cœur a tourment,
Quand mon Phœnix pour son esbatement
Dessus sa lyre a iouer commença:
Lors tout soubdain en moins, que d'vn mo-
L'air s'esclaircit, & Aquilon cessa.   (ment,
clxviij.

CLXVIII.

Si de sa main ma fatale ennemye,
Et neantmoins delices de mon Ame,
Me touche vn rien, ma pensée endormye
Plus, que le mort soubz sa pesante lame,
Tressaulte en moy, comme si d'ardent flamme
L'on me touchoit dormant profondement.
   Adonc l'esprit poussant hors roidement
La veult fuyr, & moy son plus affin,
Et en ce poinct (a parler rondement)
Fuyant ma mort, i'accelere ma fin.

CLXIX.

Estes vous donc, ô mortelz esbays
De si estrange, & tant nouelle chose?
   Elle à le Ciel seraine' au Pays,
Pour mieulx troubler la paix en mõ cœur close.
Et son doulx chant (si au vray dire l'ose,

Et

Et sans me plaindre il me faille parler)
A tranquille’ la tempeste par l’air
Pour l’enuoier prendre possession
En ma pensée,& là renoueller
Ma tempestueuse,& longue passion.

CLXX.

Seul auec moy,elle auec sa partie:
Moy en ma peine,elle en sa molle couche.
Couuert d’ennuy ie me voultre en l’Ortie,
Et elle nue entre ses bras se couche.
 Hà(luy indigne)il la tient,il la touche:
Elle le souffre:&,comme moins robuste,
Viole amour par ce lyen iniuste,
Que droict humain,& non diuin,à faict.
 O saincte loy a tous,fors a moy,iuste,
Tu me punys pour elle auoir meffaict.

CLXXI.

Oserois tu,ô Ame de ma vie,
Ce mien merite a celluy transporter,
A qui l’honneur du debuoir te conuie
Trespriuément tes secretz r’apporter?
 Vueilles(aumoins present moy)te porter
Moins domestique a si grand loyaulté:
Et recongnoy,que pour celle beaulté,
Dôt les haultz dieux t’ont richemét pourueue,
Les cieulx ialoux de si grand priuaulté
Auecques moy iectent en bas leur veue.

clxxij.

CLXXII.

De ce bien faict te doibs ie aumoins louer,
Duquel ie note & le lieu,& la place,
Ou,tout tremblant,tu m'ouys desnouer
Ce mortel noud,que le cœur m'entrelasse.
 Ie te vy lors,comme moy,estre lasse
De mon trauail,plus par compassion,
Que pour sentir celle grand' passion,
Que i'ay encor,non toutesfoys si grande.
Car estaingnant mon alteration,
Tu me receus pour immolée offrande.

CLXXIII.

Comme corps mort vagant en haulte Mer,
Esbat des Ventz,& passetemps des Vndes,
I'errois flottant parmy ce Gouffre amer,
Ou mes soucys enflent vagues profondes.
 Lors toy,Espoir,qui en ce poinct te fondes
Sur le confus de mes vaines merueilles,
Soubdain au nom d'elle tu me resueilles
De cest abysme,auquel ie perissoys:
Et a ce son me cornantz les oreilles,
Tout estourdy point ne me congnoissoys.

CLXXIIII.

Mes pleurs clouantz au front ses tristes yeulx,
A la memoire ouurent la veue instante,
Pour admirer,& contempler trop mieulx
Et sa vertu,& sa forme elegante.
 Mais sa haultesse en mageste prestante,

Par

Par moy, si bas, ne peult estre estimée.
Et la cuydant aut vray bien exprimée
Pour tournoyer son moins, ou enuiron,
Ie m'apperçoy la memoyre abismée
Auec Dathan au centre d'Abiron.

CLXXV.

Tout iugement de celle infinité,
Ou tout concept se trouue superflus,
Et tout aigu de perspicuité
Ne pourroyent ioindre au sommet de son plus.
   Car seulement l'apparent du surplus,
Premiere neige en son blanc souueraine,
Au pur des mains delicatement saine,
Ahontiroyt le nud de Bersabée:
Et le flagrant de sa suaue alaine
Apouriroyt l'odorante Sabée.

CLXXVI.

Viuacité en sa ieunesse absconse,
Docile esprit, obiect de la Vertu,
L'oracle fut sans doubteuse responce,
Qui mon certain à ainsi debatu,
Qu'apres auoir constamment combatu,
Ce mien trauail iamais ne cessera.
   Donc aultre Troye en moy commencera
Sans recouurer ma despouille rauie,
Comme elle seule à esté, & sera
Mort de ma mort, & vie de ma vie.

clxxvij.

CLXXVII.

Toutes les fois qu'en mon entendement
Ton nom diuin par la memoire passe,
L'esprit rauy d'vn si doulx sentement,
En aultre vie, & plus doulce trespasse:
Alors le Cœur, qui vn tel bien compasse,
Laisse le Corps prest a estre enchassé:
Et si bien à vers l'Ame pourchassé,
Que de soymesme, & du corps il s'estrange.
    Ainsi celuy est des siens dechassé,
A qui Fortune, ou heur, ou estat change.

CLXXVIII.

Vous, Gantz heureux, fortunée prison
De liberté voulontairement serue,
Celez le mal auec la guerison,
Côme vostre vmbre en soy tousiours conserue
Et froit, & chault, selon que se reserue

Le libre

Le libre vueil de necessaire aisance.
　Mais tout ainsi, qu'a son obeissance
Dedens vous entre, & sort sa blanche main,
Ie sortiray de l'obscure nuisance,
Ou me tient clos cest enfant inhumain.

CLXXIX.

Ma Dame & moy iouantz emmy vn pré
Voicy tonnoirre, esclairs, nuict, & la pluye.
Parquoy soubdain ie fuis oultre mon gré,
Auecques moy cuydant, qu'elle s'en fuye.
Et quand ie fus au couuert, ie m'appuye
Pour prendre aleine, & pour aussi la veoir.
　Mais pour le temps ne se voulut mouoir:
Car l'eau par tout la fuyoit çà, & là.
Lors i'apperceus les Dieux du Ciel pleuuoir
Craingnantz son feu, qui tant de gentz brula.

CLXXX.

Parmy ces champs Automne pluuieux
Ressusitant au naistre le doulx Ver,
A son mourir ouure le froit Hyuer
Du commun bien de nature enuieux.
　L'air s'obscurcit, & le Vent ennuyeux
Les arbres vertz de leurs fueilles denue.
Adonc en moy, peu a peu, diminue
Non celle ardeur, qui croit l'affection,
Mais la ferueur, qui detient la foy nue
Toute gelée en sa perfection.

　　　　　　　　　　　　Blanc

CLXXXI.

Blanc Alebastre en son droit rond poly,
Que maint chaynon superbement coronne:
Yuoire pur en vnion ioly,
Ou maint esmail mainte ioye se donne.
    O quand ie voy, que ce ceinct t'enuironne,
Estant au corps, & au bras cordonnée
De la vertu au bleu abandonnée,
Dont Amour est & haultain, & vainqueur,
Ie suis lors seur, Creature bien née,
Que fermeté est la clef de ton cœur.

CLXXXII.

Ceincte en ce point & le col, & le corps
Auec les bras, te denote estre prise
De l'harmonie en celestes accordz,
Ou le hault Ciel de tes vertus se prise.
    Fortuné fut celuy, qui telle prise
Peut (Dieux beningz) a son heur rencontrer.
Car te voulant, tant soit peu, demonstrer
Despoir ainsi enuers moy accoustrée,
Non moindre gloire est a me veoir oultrer,
Que te congnoistre a mon vouloir oultrée.

CXXXIII.

Encores vit ce peu de l'esperance,
Que me laissa si grand longueur de temps,
Se nourrissant de ma vaine souffrance
Toute confuse au bien, que ie pretens.
    Et a me veoir les Astres mal contentz

Inspirent

Inspirent force au languissant plaisir
Pour non acoup de vueil me dessaisir,
Qui, persistant a ses fins pretendues,
A mon trauail augmente le desir,
Strigile vain a mes sueurs perdues.

CLXXXIIII.

Voy le iour cler ruyner en tenebres,
Ou son bienfaict sa clarte' perpetue:
Ioyeux effectz finissent en funebres,
Soit que plaisir contre ennuy s'esuertue.
 Toute hautesse est soubdain abatue,
De noz deduitz tant foible est le donneur.
Et se crestantz les arbres, leur honneur,
Legere gloire, en fin en terre tumbe,
Ou ton hault bien aura seul ce bon heur
De verdoyer sur ta fameuse tombe.

CLXXXV.

Diane on voit ses deux cornes iecter
Encores tendre, & foiblement naissante:
Et toy des yeux deux rayons forietter,
La veue basse, & alors moins nuisante.
 Puis sa rondeur elle accomplit luisante:
Et toy ta face elegamment haulsant.
 Elle en apres s'affoiblit descroissant,
Pour retourner vne aultrefois nouelle:
Et le parfaict de ta beaulte' croissant
Dedans mon cœur tousiours se renouelle.

CLXXXVI.

Par ta figure, haultz honneurs de Nature,
Tu me feis veoir, mais trop a mon dommage
La grauité en ta droicte stature,
L'honnesteté en ton humain visage,
Le venerable en ton flourissant aage
Donnant a tous mille esbahyssementz
Auec plaisir: a moy nourrissementz
De mes trauaulx auec fin larmoyeuse.
   Et toutesfoys telz accomplissementz
Rendent tousiours ma peine glorieuse.

CLXXXVII.

Pour estre l'air tout offusqué de nues
Ne prouient point du temps caligineux:
Et veoir icy tenebres continues
N'est procedé d'Autonne bruyneux.
   Mais pour autant que tes yeulx ruyneux

f 2   Ont

Ont demoly le fort de tous mes aises
Comme au Faulxbourg les fumantes fornaises
Rendent obscurs les circonuoysins lieux,
Le feu ardent de mes si grandz mesaises
Par mes souspirs obtenebre les Cieulx.

CLXXXVIII.

Amour me presse, & me force de suyure
Ce, qu'il me iure estre pour mon meilleur.
Et la Raison me dit, que le poursuyure
Communement est suyui de malheur.
 Celluy desià, m'esloingnant de douleur,
De toy m'asseure, & ceste me desgouste,
Qui iour & nuict deuant les yeulx me boute
Le lieu, l'honneur, & la froide saison.
 Dõt pour t'oster, & moy, d'vn si grãd doubte,
Fuyant Amour, ie suiuray la Raison.

CLXXXIX.

Quand pied a pied la Raison ie costoye,
Et pas a pas i'obserue ses sentiers,
Elle me tourne en vne mesme voye
Vers ce, que plus ie fuiroys voulentiers.
 Mais ses effectz en leur oblique entiers
Tendent tousiours a celle droicte sente,
Qui plusieursfoys du iugement s'absente,
Faignant du miel estre le goust amer:
Puis me contrainct quelque mal, que ie sente,
Et vueille, ou non, a mon contraire aymer.

cxc.

CXC.

Ouy, & non aux Cæstes contendantz
Par maintz assaultz alternatifz s'assaillent:
Tous deux a fin de leur gloyre tendantz
En mon cerueau efforcément trauaillent.
　Et nonobstant, que bien peu, ou rien vaillent
Si longz effortz sans rien determiner,
Si sens ie en moy de peu a peu miner
Et la memoyre, & le sens tout confus:
　D'ailleurs l'ardeur, côme eulx, ne peult finer:
Ainsi ie suis plus mal, qu'oncques ne fus.

CXCI.

Mais si Raison par vraye congnoissance
Admire en toy Graces du Ciel infuses:
Et Graces sont de la Vertu puissance,
Nous transformant plus, que mille Meduses:
Et la Vertu par reigles non confuses
Ne tend sinon a ce iuste debuoir,
Qui nous contraint, non seulement de veoir,
Mais d'adorer toute parfection:
Il fauldra donc, que soubz le tien pouoir
Ce Monde voyse en admiration.

CXCII.

Pourquoy reçoy ie en moy mille argumentz
Dont ma pensée est ia si entestée?
Veu qu'ilz me sont mille noueaux tourmentz
Desquelz mon ame en vain est mal traictée,
M'a face aussi de larmes tempestée

f 3　　　　Tres

Tresuainemēt me monstre estre a mort tainct.
Las ce sainct feu, qui tant au vif m'attainct,
Par qui Amour si fainctement nous rit,
Ne par rigueur, ne par mercy s'estainct:
Celle l'enflamme, & ceste le nourrit.

CXCIII.

En tel suspend ou de non, ou d'ouy,
Ie veulx soubdain, & plus soubdain ie n'ose,
L'vn me rend triste, & l'aultre resiouy
Dependant tout de liberté enclose.
Mais si ie voy n'y pouoir aultre chose,
Ie recourray a mon aueugle Iuge.
Refrenez donc, mes yeulx, vostre deluge:
Car ce mien feu, maulgré vous, reluira.
Et le laissant a l'extreme refuge,
Me destruisant, en moy se destruira.

CXCIIII.

Le Cœur surpris du froict de ta durté
S'est retiré au fons de sa fortune:
Dont a l'espoir de tes glassons hurté,
Tu verrois cheoir les fueilles vne a vne.
Et ne trouuant moyen, ny voye aulcune
Pour obuier a ton Nouembre froit,
La voulenté se voit en tel destroict,
Que delaissée & du iour, & de l'heure,
Qu'on luy deburoit ayder a son endroit,
Comme l'Année, a sa fin ia labeure.

CXCV.

CXCVI.

Ie m'esiouys quand ta face se monstre,
Dont la beaulté peult les Cieulx ruyner:
Mais quand ton oeil droit au mien se rêcontre,
Ie suis contrainct de ma teste cliner:
Et contre terre il me fault incliner,
Comme qui veulx d'elle ayde requerir,
Et au danger son remede acquerir,
Ayant commune en toy compassion.
   Car tu ferois nous deux bien tost perir,
Moy du regard, toy par reflection.

CXCVII.

Plaindre prouient partie du vouloir,
Et le souffrir de la raison procede.
Aussi ce mien continuel douloir
Tous les ennuyz de toutes mortz excede.
   Car à mon Hydre incontinent succede

f 4   Vn mal

Vn mal soudain a vn aultre repris,
Et quand ie pense ayder au Cœur surpris,
Ou en ses maulx ie veulx faindre vn plaisir,
Las ie le trœuue inutilement pris
Entre sa grace, & mon trop vain desir.

CXCVIII.

Voy ce papier de tous costez noircy,
Du mortel dueil de mes iustes querelles:
Et, comme moy, en ses marges transy,
Craingnant tes mains piteusement cruelles.
    Voy, que douleurs en moy continuelles
Pour te seruir croissent iournellement,
Qui te debuoient, par pitié seulement,
A les auoir agreables constraindre,
Si le souffrir doibt supplir amplement,
Ou le merite oncques n'à peu attaindre.

CXCIX.

D'vn tel conflict en fin ne m'est resté,
Que le feu vif de ma lanterne morte,
Pour esclairer a mon bien arresté
L'obscure nuict de ma peine si forte,
Ou plus ie souffre, & plus elle m'enhorte
A constamment pour si hault bien perir.
    Perir i'entens, que pour gloire acquerir
En son danger ie m'asseure tresbien:
Veu qu'elle estant mon mal, pour en guerir
Certes il fault, qu'elle me soit mon bien.

C C.

D'autant qu'en moy sa valeur plus augmente,
D'autant decroist le remede affoibly:
Et bien que soit mon merite anobly
Du sainct vouloir, qui si fort me tourmente,
L'oeil en larmoye, & le cœur en lamente
Comme assaillyz de mortel accident.
    Pource qu'espoir de leur bien euident,
Qui les delaisse en leurs extremitez,
Croissant le feu de mon desir ardent,
Est Calamyte a mes calamitez.

C C I.

C'est de pitié que lors tu me desgoustes,
Quand trauaillant en ce mien penser fraile,
Tu vois ma face emperlée de gouttes
Se congelantz menues, comme gresle.
    Car ta froideur auec mon froit se mesle,
Qui me rend tout si tristement dolent,
Que, nonobstant que mon naturel lent
M'argue asses, & me face blasmer,
Pour estre amour vn mal si violent,
Las ie ne puis patiemment aymer.

C C I I.

Fait paresseux en ma longue esperance,
Auec le Corps l'Esprit est tant remis,
Que l'vn ne sent sa mortelle souffance,
Et l'aultre moins congnoit ses ennemys.
    Parquoy ie ignore, estant d'espoir demis,

                    f 5   Si ce

DELIE

Si ce mien viure est vitupere, ou los,
Mais ie scay bien, que pour estre forclos
De ta mercy, de mon bien tu me priues:
Et par celà tu veulz, que le mal clos
Viue en l'obscur de mes tristes Archiues.

CCIII.

Quand de ton rond le pur cler se macule,
Ta foy tachée alors ie me presage:
Quand, pallissant, du blanc il se recule,
Ie me fais lors de pleurs prochaines sage.
Quand il rougit en Martial visage,
I'ouure les ventz a mes souspirs esparz:
Mais ie m'asseure a l'heure de ma paix,
Quand ie te voy en ta face seraine.
Parquoy du bien alors ie me repais,
Du quel tu es sur toutes souueraine.

CCIIII.

Suffise toy, ô Dame, de dorer
Par tes vertus nostre bienheureux aage,
Sans efforcer le Monde d'adorer
Si feruement le sainct de ton image,
Qu'il faille a maintz par vn commun dómage
Mourir au ioug de tes grandz cruaultez.
N'as tu horreur, estant de tous costez
Enuironnée & de mortz, & de tombes,
De veoir ainsi fumer sur tes Aultez
Pour t'appaiser, mille, & mille Hecatombes?

CCV.

CCV.

Desir, souhaict, esperance, & plaisir
De tous costez ma franchise agasserent
Si viuement, que sans auoir loysir
De se deffendre, hors de moy la chasserent:
Deslors plus fort l'arbitre ilz pourchasserent,
Qui de despit, & d'ire tout flambant
Combat encor, ores droit, or tumbant
Selon qu'en paix, ou seiour ilz le laissent.
    Mais du pouoir soubz tel faix succumbant
Les forces, las, de iour en iour s'abaissent.

CCVI.

Tes doigtz tiratz non le doulx son des cordes,
Mais des haultz cieulx l'Angelique harmonie,
Tiennent encor en telle symphonie,
Et tellement les oreilles concordes,
Que paix, & guerre ensemble tu accordes

                              Ence

En ce concent, que lors ie conceuoys:
　　Car du plaisir, qu'auecques toy i'auoys,
Comme le vent se ioue auec la flamme,
L'esprit diuin de ta celeste voix
Soubdain m'estaict, & pl9 soubdain m'eflame.

CCVII.

Doulce ennemye, en qui ma dolente ame
Souffre trop plus, que le corps martyre,
Ce tien doulx œil, qui iusqu'au cœur m'entame
De ton mourant à le vif attire
Si viuement, que pour le coup tire
Mes yeulx pleurantz employent leur deffence.
　　Mais n'y pouant ne force, ne presence,
Le Cœur criant par la bouche te prie
De luy ayder a si mortelle offence.
　　Qui tousiours ard, tousiours a l'ayde crie.

CCVIII.

Gant enuieux, & non sans cause auare
De celle doulce, & molle neige blanche,
Qui me iura desormais estre franche
La liberté, qui de moy se separe,
Ne sens tu pas le tort, qu'elle prepare
Pour se vouloir du debuoir desister?
　　Comme tesmoing deburois soliciter,
Qu'elle taschast par honnorable enuie
De foy promise enuers moy s'acquitter,
Ou canceller l'obligé de ma vie.

CCIX.

Sans lesion le Serpent Royal vit
Dedans le chault de la flamme luisante:
Et en l'ardeur, qui a toy me rauit,
Tu te nourris sans offense cuisante:
Et bien que soit sa qualité nuisante
Tu t'y complais, comme en ta nourriture.
    O fusses tu par ta froide nature
La Salemandre en mon feu residente:
Tu y aurois delectable pasture,
Et estaindrois ma passion ardente.

CCX.

Phebé luysant' par ce Globe terrestre
Entreposé a sa clarté priuée
De son opaque, argentin, & cler estre
Soubdainement, pour vn temps, est priuée.
    Et toy, de qui m'est tousiours deriuée
Lumiere, & vie, estant de moy loingtaine
Par l'espaisseur de la terre haultaine,
Qui nous separe en ces haultz Motz funebres,
Ie sens mes yeulx se dissouldre en fontaine,
Et ma pensée offusquer en tenebres.

CCXI.

Soubz doulx penser ie me voy congeler
En ton ardeur, qui tous les iours m'empire:
Et ne se peult desormais plus celer
L'aultre Dodone incongneue a Epyre,
Ou la fontaine en froideur beaucoup pire,
                      Qu'aux

Qu'aulx Alpes n'est toute hyuernale glace,
Couure, & nourrit si grand' flamme en ta face,
Qu'il n'est si froid, bien que tu soys plus froide,
Qu'en vn instant ardoir elle ne face,
Et en ton feu mourir glacé tout roide.

CCXII.

T'esbahys tu, ô Enfant furieux,
Si diligent la verité ie tente?
Et l'esprouuant, me dis tu curieux
A rendre en tout ma pensée contente?
 Ie ne le fais pour abreger l'attente,
Ny pour vouloir d'espoir me deliurer:
Mais ie me tasche autant a captiuer
La sienne en moy loyalle affection,
Comme pour moy ie ne la veulx priuer
De sa naïfue, & libre intention.

CCXIII.

Vicissitude en Nature prudente,
Puissant effect de l'eternel Mouent,
Seroit en tout sagement prouidente
Si son retour retardoit plus souuent.
 De rien s'esmeult, & s'appaise le vent,
Qui ores sort, & puis ores s'enferme.
Mais par ce cours son pouoir ne m'afferme
L'allegement, que mes maulx auoir pensent.
 Car par la foy en si saincte amour ferme
Auecques l'An mes peines recommencent.

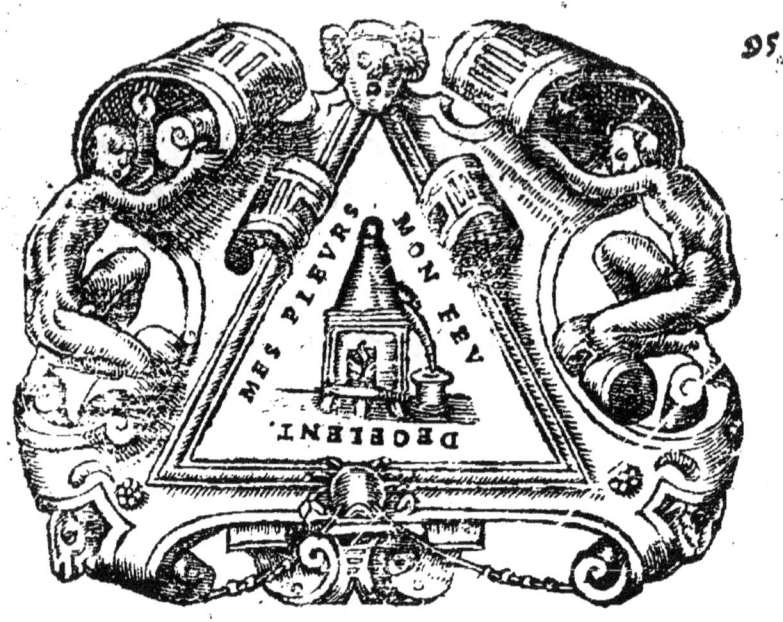

CCXIIII.

Ce hault desir de doulce pipperie
Me va paissant, & de promesses large
Veult pallier la mince fripperie
D'espoir, attente, & telle plaisant' charge,
Desquelz sur moy le maling se descharge,
Ne voulant point, que ie m'en apperçoyue.
 Et toutesfois combien que ie conçoyue,
Que doubte en moy vacilamment chancelle,
Mes pleurs, affin que ie ne me deçoyue,
Descouurent lors l'ardeur, qu'en moy ie cele.

CCXV.

Si ne te puis pour estrenes donner
Chose, qui soit selon toy belle, & bonne,
Et que par faict on ne peult guerdonner
Vn bon vouloir, comme raison l'ordonne,
 Au moins ce don ie le presente, & donne,

Sans

Sans aultre espoir d'en estre guerdonné:
Qui, trop heureux ainsi abandonné:
Est, quant a toy, de bien petite estime:
　　Mais, quant a moy, qui tout le t'ay donné,
C'est le seul bien, apres toy, que i'estime.

CCXVI.

Lors le suspect, agent de ialousie,
Esmeult le fondz de mes intentions,
Quand sa presence est par celuy saisie,
Qui à la clef de ses detentions.
Parquoy souffrant si grandz contentions,
L'Ame se pert au dueil de telz assaultz.
　　Dueil traistre occulte, adoncques tu m'as-
Comme victoire a sa fin poursuyuie,　　(saulx,
Me distillant par l'Alembic des maulx
L'alaine, ensemble & le poulx de ma vie.

CCXVII.

Ie m'asseurois, non tant de liberté
Heureuse d'estre en si hault lieu captiue,
Comme tousiours me tenoit en seurté
Mon gelé cœur, donc mon penser deriue,
Et si tresfroit, qu'il n'est flambe si viue,
Qu'en bref n'estaingne, & que tost il n'esface.
　　Mais les deux feuz de ta celeste face,
Soit pour mon mal, ou certes pour mon heur,
De peu a peu me fondirent ma glace,
La distillant en amoureuse humeur.

　　　　　　　　　　　　Tu cours

CCXVIII.

Tu cours superbe, ô Rhosne, flourissant
En sablon d'or, & argentines eaux.
Maint fleuue gros te rend plus rauissant,
Ceinct de Citez, & bordé de Chasteaulx,
Te practiquant par seurs, & grandz batteaulx
Pour seul te rendre en nostre Europe illustre.
 Mais la vertu de ma Dame te illustre
Plus, qu'aultre bien, qui te face estimer.
 Enfle toy donc au parfaict de son lustre,
Car fleuue heureux pl⁹, que toy, n'être en Mer.

CCXIX.

Pour resister a contrarieté
Tousiours subtile en sa mordente enuie,
Ie m'accommode a sa varieté,
Soit par ciuile, ou par rustique vie:
Et si sa poincte est presque au but suyuie,
Ie vien, faingnant, son coup anticiper.
 O quand ie puis sa force dissiper,
Et puis le fait reduire a ma memoire,
Vous me verriez alors participer
De celle gloire haultaine en sa victoire.

CCXX.

Doncques le Vice a Vertu preferé
Infamera honneur, & excellence?
Et le parler du maling proferé
Imposera la pure innocence?
Ainsi le faulx par non punye offence.

        Peruertira

Peruertira tout l'ordre de Nature?
　　Dieux aueuglez (si tant est vostre iniure,
Que par durs motz adiurer il vous faille)
Aydez le vray, la bonté, la droicture,
Ou qu'auec eulx vostre ayde me deffaille.

CCXXI.

Quand ignorance auec malice ensemble
Sur l'innocent veulent authoriser,
Toute leur force en fumée s'asemble,
S'espaississant pour se immortaliser.
Se foible effort ne peult scandaliser
Et moins forcer l'equité de Nature.
　　Retirez vous, Enuie, & Imposture,
Soit que le temps le vous souffre, ou le nye:
Et ne cherchez en elle nourriture.
Car sa foy est venin a Calumnie.

CCXXII.

Tes beaulx yeulx clers fouldroyáment luisantz
Furent obiect a mes pensers vnique,
Des que leurs rayz si doulcement nuisantz
Furent le mal tressainctement inique.
Duquel le coup penetrant tousiours picque
Croissant la playe oultre plus la moytié.
　　Et eulx estantz doulx venin d'amytié,
Qui se nourrit de pleurs, plainctz, & lamentz,
N'ont peu donner par honneste pitié
Vn tant soit peu de tresue a mes tourmentz,

ccxxiij.

CCXXIII.

Si droit n'estoit, qu'il ne fust scrupuleux
Le traict perçant au fons de ma pensée.
Car quand Amour ieunement cauteleux
(Ce me sembloit) la finesse eust pensée,
Il m'engendra vne contrepensée
Pour rendre a luy le lieu inaccessible,
A luy, a qui toute chose est possible,
Se laissant vaincre aux plus forcez combas.
    Voicy la fraulde, ô Archier inuincible,
Quand ie te cuyde abatre, ie m'abas.

CCXLIIII.

Le practiquer de tant diuerses gentz,
Solicitude a mes ardeurs contraire,
Et le pressif des affaires vrgentz
N'en peuuent point ma pensée distraire,
Si viue au cœur la me voulut pourtraire

DELIE.

Celluy, qui peult noz vouloirs esgaller,
Comme il me fait en sa presence aller
Contre l'effort du plus de mes deffences
Pour l'escouter, & en son sainct parler
Tirer le sel de ses haultes sentences.

CCXXV.

Ie m'en absente & tant, & tant de foys,
Qu'en la voyant ie la me cuyde absente:
Et si ne puis bonnement toutesfoys,
Que, moy absent, elle ne soit presente.
Soit que desdaing quelquesfoys se presente
Plein de iuste ire, & vienne supplier,
Que, pour ma paix, ie me vueille allier
A bien, qui soit loing de maulx tant extremes.
   Mais quand alors ie la veulx oblier,
M'en souuenant, ie m'oblie moymesmes.

CCXXVI.

En diuers tēps, plusieurs iours, maintes heures,
D'heure en moment, de moment a tousiours
Dedans mon Ame, ô Dame, tu demeures
Toute occupée en contraires seiours.
   Car tu y vis & mes nuictz, & mes iours,
Voyre exemptez des moindres fascheries:
Et ie m'y meurs en telles resueries,
Que ie m'en sens haultement contenté,
Et si ne puis refrener les furies
De ceste mienne ardente voulenté.

ccxxvij.

CCXXVII.

Amour ardent,& Cupido bandé,
Enfantz iumeaulx de toy, mere Cypris,
Ont deſſus moy leur pouoir desbandé,
De l'vn vaincu,& de l'aultre ſurpris.
　Par le flambeau de celluy ie fus pris
En doulx feu chaſte,& plus,que vie,aymable.
　Mais de ceſtuy la poincte inexorable
M'incite,& poinct au tourment,ou ie ſuis
Par vn deſir ſans fin inſatiable
Tout aueuglé au bien,que ie pourſuis.

CCXXVIII.

De tous trauaulx on attend quelque fin,
Et de tous maulx aulcun allegement:
Mais mon deſtin pour mon abregement
Me cherche vn bien,trop eſloingné confin
De mon eſpoir,& tout cecy affin
De m'endurcir en longue impatience.
　Bien que i'acquiere en ſouffrant la ſcience
De paruenir a choſes plus proſperes,
Si n'eſt ce pas(pourtant)qu'en patience
I'exerce en moy ces deux vterins freres.

CCXXIX.

Authorité de ſa graue preſence
En membres apte a tout diuin ouurage,
Et d'elle veoir l'humaine experience,
Vigueur d'eſprit,& ſplendeur de courage
N'eſmeuuent point en moy ſi doulce rage,

g 5　　　Bien

Bien qu'a mon mal soient incitation,
Mais a mon bien m'est exhortation
Celle vertu, qui a elle commune,
Cherche d'oster la reputation
A l'enuieuse, & maligne Fortune.

CCXXX.

Deliberer a la necessité,
Souuent resouldre en perilleuse doubte,
M'ont tout, & tant l'esprit exercité,
Que bien auant aux hazardz ie me boute.
Mais si la preuue en l'occurrente doubte
Sur le suspend de comment, ou combien,
Ne doy ie pas en tout preueoir si bien,
Que ie ne soye au besoing esperdu?
Las plus grand mal ne peult auoir mon bien,
Que pour ma faulte estre en vn rien perdu.

CCXXXI.

Sur le Printemps, que les Aloses montent,
Ma Dame, & moy saultons dans le batteau,
Ou les Pescheurs entre eulx leur prinse comptét,
Et vne en prent: qui sentant l'air nouueau,
Tant se debat, qu'en fin se sauluue en leau,
Dont ma Maistresse & pleure, & se tourméte.
Cesse: luy dy ie, il fault que ie lamente
L'heur du Poisson, que n'as sceu attraper,
Car il est hors de prison vehemente,
Ou de tes mains ne peuz onc eschapper.

ccxxxij.

CCXXXII.

Plus tost vaincu, plus tost victorieux
En face allegre, & en chere blesmie:
Or sans estime, & ore glorieux
Par toy mercy, ma cruelle ennemie,
Qui la me rendz au besoing endormye,
Laissant sur moy maintz martyres pleuuoir.
   Pourquoy veulx tu le fruict d'attente auoir,
Faingnant ma paix estre entre ses mains seure?
   Las celluy est facile a deceuoir,
Qui sur aultruy credulement s'asseure.

CCXXXIII.

Phebus doroit les cornes du Thoreau,
Continuant son naturel office:
L'air tempere, & en son serain beau
Me conuyoit au salubre exercite.
   Parquoy pensif, selon mon nayf vice.

g 4   M'esba-

J’esbatois seul, quand celle me vint contre,
Qui deuant moy si soubdain se demonstre,
Que par vn brief, & doulx salut de l’oeil,
Ie me deffis a si belle rencontre,
Comme rousée au leuer du Soleil.

CCXXXIIII.

Nouelle amour, nouelle affection,
Nouelles fleurs parmy l’herbe nouelle:
Et, ià passée, encor se renouelle
Ma Primeuere en sa verte action.
   Ce neantmoins la renouation
De mon vieulx mal, & vlcere ancienne
Me detient tout en celle saison sienne,
Ou le meurdrier m’à meurdry, & noircy
Le Cœur si fort, que playe Egyptienne,
Et tout tourment me rend plus endurcy.

CCXXXV.

Libre ie vois, & retourne libere
Tout Asseuré, comme Cerf en campaigne,
Selon qu’Amour auec moy delibere,
Mesmes qu’il veoit, que Vertu m’acōpaigne,
Vertu heureuse, & fidele compaigne,
Qui tellement me tient tout en saisine,
Que quand la doubte, ou la paour sa voisine,
M’accuse en rien, mon innocence iure,
Que souspeçon n’à aulcune racine
Là, ou le vray conteste a toute iniure.

ccxxxvj.

CCXXXVI.

Ie le conçoy en mon entendement
Plus, que par l'oeil comprendre ie ne puis
Le parfaict d'elle, ou mon contentement
A sceu fonder le fort de ses appuyz:
Dessus lequel ie me pourmaine, & puis
Ie tremble tout de doubte combatu.
   Si ie m'en tais, comme ie m'en suis teu,
Qui oncques n'euz de luy fruition,
C'est pour monstrer que ne veulx sa vertu
Mettre en dispute a la suspition.

CCXXXVII.

Pour m'efforcer a degluer les yeulx
De ma pensée enracinez en elle,
Ie m'en veulx taire, & lors i'y pense mieulx,
Qui iuge en moy ma peine estre eternelle.
   Parquoy ma plume au bas vol de son aele
Se demettra de plus en raisonner,
Aussi pour plus haultement resonner,
Vueille le Temps, vueille la Fame, ou non,
Sa grace asses, sans moy, luy peult donner
Corps a ses faictz, & Ame a son hault nom.

CCXXXVIII.

Tout en esprit rauy sur la beaulté
De nostre ciecle & honneur, & merueille.
Celant en soy la doulce cruaulte,
Qui en mon mal si plaisamment m'esueille,
Ie songe & voy: & voyant m'esmerueille

De ses

De ses doulx ryz, & elegantes mœurs.
   Les admirant si doulcement ie meurs,
Que plus profond a y penser ie r'entre:
Et y pensant, mes silentes clameurs
Se font ouyr & des Cieulx, & du Centre.

CCXXXIX.

Dens son poly ce tien Cristal opaque,
Luisant, & cler, par opposition
Te reçoit toute, & puis son lustre vacque
A te monstrer en sa reflexion.
   Tu y peulx veoir (sans leur parfection)
Tes mouuementz, ta couleur, & ta forme.
   Mais ta vertu aux Graces non diforme
Te rend en moy si representatiue,
Et en mon cœur si bien a toy conforme
Que plus, que moy, tu t'y trouuerois viue.

CCXL.

Quand ie te vy orner ton chef doré,
Au cler miroir mirant plus clere face,
Il fut de toy si fort enamouré,
Qu'en se plaingnant il te dit a voix basse:
Destourne ailleurs tes yeux, ô l'oultrepasse.
   Pourquoy? dis tu, tremblant d'vn ardent zele.
Pource, respond, que ton oeil, Damoiselle,
Et ce diuin, & immortel visage
Non seulement les hommes brule, & gele:
Mais moy aussi, où est ta propre image

CCXLI.

Incessamment mon grief martyre tire
Mortelz espritz de mes deux flans malades:
Et mes souspirs de l'Ame triste attire,
Me resueillantz tousiours par les aulbades
De leurs sanglotz trop desgoustément fades:
Comme de tout ayantz necessité,
Tant que reduict en la perplexité,
A y finir l'espoir encor se vante.
    Parquoy troublé de telle anxieté,
Voyant mon cas, de moy ie m'espouuante.

CCXLII.

Tout le repos, ô nuict, que tu me doibs,
Auec le temps mon penser le deuore:
Et l'Horologe est compter sur mes doigtz
Depuis le soir iusqu'a la blanche Aurore.
    Et sans du iour m'apperceuoir encore,

Ie me

Ie me pers tout en si doulce pensée,
Que du veiller l'Ame non offensée,
Ne souffre au Corps sentir celle douleur
De vain espoir tousiours recompensée
Tant que ce Monde aura forme, & couleur.

CCXLIII.

Contour des yeulx, & pourfile du nez,
Et le relief de sa vermeille bouche
N'est point le plus en moy bien fortuné,
Qui si au vif iusques au cœur me touche:
Mais la naifue, & asseurée touche,
Ou ie m'espreuue en toute affection,
C'est que ie voy soubz sa discretion
La chasteté conioincte auec beaulté,
Qui m'endurcit en la parfection,
Du Dyamant de sa grand' loyaulté.

CCXLIIII.

Tout desir est dessus espoir fondé:
Mon esperance est, certes, l'impossible
En mon concept si fermement sondé,
Qu'a peine suis ie en mon trauail passible.
Voy donc, comment il est en moy possible,
Que paix se trouue auecques asseurance?
Parquoy mon mal en si dure souffrance
Excede en moy toutes aultres douleurs,
Comme sa cause en ma perseuerance
Surmonte en soy toutes haultes valeurs.

CCXLV.

Aumoins toy, clere, & heureuse fontaine,
Et vous, ô eaux fraisches, & argentines,
Quand celle en vous (de tout vice loingtaine)
Se vient lauer ses deux mains yuoirines,
Ses deux Soleilz, ses leures corallines,
De Dieu créez pour ce Monde honnorer,
Deburiez garder pour plus vous decorer
L'image d'elle en voz liqueurs profondes.
  Car plus souuent ie viendroys adorer
Le sainct miroir de voz sacrées vndes.

CCXLVI.

Bienheureux chàps, & vmbrageux Costaulx,
Prez verdoyantz, vallées flourissantes,
En voz deduitz icy bas, & là haultz,
Et parmy fleurs non iamais fletrissantes
Vous detenez mes ioyes perissantes,
Celle occupant, que les auares Cieulx
Me cachent ore en voz seinz precieux,
Comme enrichiz du thresor de Nature,
Ou, mendiant, ie me meurs soucieux
Du moindre bien d'vne telle auanture.

CCXLVII.

Cuydant ma Dame vn rayon de miel prendre,
Sort vne Guespe aspre, comme la Mort,
Qui l'esguillon luy fiche en sa chair tendre:
Dont de douleur le visage tout mort,
Hà ce n'est pas, dit elle, qui me mord

Si du

Si durement, ceste petite Mouche:
I'ay peur qu'amour sur moy ne s'escarmouche:
  Mais que crains tu? luy dy ie briefuement.
Ce n'est point luy, Belle: Car quand il touche,
Il poinct plus doulx, aussi plus griefuement.

CCXLVIII.

Ta cruaulté, Dame, tant seulement
Ne m'a icy relegué en ceste Isle
(Barbare a moy,) ains trop cruellement
M'y lye, & tient si foiblement debile,
Que la memoyre, asses de soy labile,
Me croist sans fin mes passions honteuses:
Et n'ay confort, que des Sœurs despiteuses,
Qui, pour m'ayder, a leurs plainctes labeurent,
Accompaignant ces fontaines piteuses,
Qui sans cesser auec moy tousiours pleurent.

CCXLIX.

Par long prier lon mitigue les Dieux:
Par l'oraison la fureur de Mars cesse:
Par long sermon tout courage odieux
Se pacifie: & par chansons tristesse
Se tourne a ioye: & par vers lon oppresse,
Comme enchantez, les venimeux Serpentz.
  Pourquoy, ô Cœur, en larmes te despens,
Et te dissoulz en ryme pitoyable,
Pour esmouuoir celle, dont tu depens,
Mesmes qu'elle est de durté incroyable?

CCL.

Ma voulenté reduicte au doulx seruage
Du hault vouloir de ton commandement,
Trouue le ioug, a tous aultres sauluage,
Le Paradis de son contentement.
    Pource asseruit ce peu d'entendement
Affin que Fame au Temps imperieuse,
Maulgré Fortune, & force iniurieuse,
Puisse monstrer seruitude non saincte,
Me donnant mort sainctement glorieuse,
    Te donner vie immortellement saincte.

CCLI.

Ce n'est point cy, Pellerins, que mes vœutz
Auecques vous diuersement me tiennent.
Car vous vouez, comme pour moy ie veulx,
A Sainctz piteux, qui voz desirs obtiennent.
Et ie m'adresse a Dieux, qui me detiennent,
                        Comme

Comme n'ayantz mes souhaictz entenduz.
Vous de voz vœutz heureusement renduz
Graces rendez, vous mettantz a dancer:
Et quand les miens iniquement perduz
Deussent finir, sont a recommancer.

CCLII.

En ce sainct lieu, Peuple deuotieux,
Tu as pour toy saincteté fauorable:
Et a mon bien estant negotieux,
Ie l'ay trouuée a moy inexorable.
Ià reçoys tu de ton Ciel amyable
Plusieurs biensfaictz, & maintz emolumentz.
Et moy plainctz, pleurs, & pour tous monu-
Me reste vn Vēt de souspirs excité.   (mentz
Chassant le son de voz doulx instrumentz
Iusqu'a la double, & fameuse Cité.

CCLIII.

Ces tiens, non yeulx, mais estoilles celestes,
Ont influence & sur l'Ame, & le Corps:
Combien qu'au Corps ne me soient trop mole-
En l'Ame, las, causent mille discordz,   (stes
Mille debatz, puis soubdain mille accordz,
Selon que m'est ma pensée agitée
Parquoy vaguant en Mer tant irritée
De mes pensers, tumultueux tourment,
Ie suy ta face, ou ma Nef incitée
Trouue son feu, qui son Port ne luy ment.

cēliiij

CCLIIII.

Si ie vois seul sans sonner mot, ne dire,
Mon peu parler te demande mercy:
Si ie pallis accoup, comme plein d'ire,
A mort me point ce mien aigre soucy:
Et si pour toy ie vis mort, ou transy,
Las comment puis ie aller, & me mouoir?
   Amour me fait par vn secret pouoir
Iouir d'vn cœur, qui est tout tien amy,
Et le nourris sans point m'apperceuoir
Du mal, que fait vn priué ennemy.

CCLV.

Mes tant longz iours, & languissantes nuictz,
Ne me sont fors vne peine eternelle:
L'Esprit estainct de cures, & ennuyz,
Se renouelle en ma guerre immortelle.
   Car tout ie sers, & vis en Dame telle,
Que le parfaict, dont sa beaulté abonde,
Enrichit tant ceste Machine ronde,
Que qui la veoit sans mourir, ne vit point:
Et qui est vif sans la sçauoir au Monde,
Est trop plus mort, que si Mort l'auoit point.

CCLVI.

Si de mes pleurs ne m'arousois ainsi,
L'Aure, ou le Vent, en l'air me respandroit,
Car ià mes os denuez de mercy
Percent leur peau toute arse en main endroit.
   Quel los auroit, qui sa force estendroit,

h 2   Comme

Comme voulant contre vn tel mort pretendre?
Mais veulx tu bien a piteux cas entendre,
Oeuure trespie,& venant a propos?
Ceste despouille en son lieu vueilles rendre:
Lors mes amours auront en toy repos.

CCLVII.

Nature en tous se rendit imparfaicte
Pour te parfaire,& en toy se priser.
Et toutesfois Amour, forme parfaicte,
Tasche a la foy plus, qu'a beaulté viser.
  Et pour mon dire au vray authoriser,
Voy seulement les Papegaulx tant beaulx,
Qui d'Orient, de là les Rouges eaux,
Passent la Mer en ceste Europe froide,
Pour s'accointer des noirs, & laidz Corbeaux
Dessoubz la Bise impetuense, & roide.

CCLVIII.

Ce mien languir multiplie la peine
Du fort desir, dont tu tiens l'esperáce,
Mon ferme aymer t'en feit seure, & certaine,
Par lon trauail, qui donna l'asseurance,
  Mais toy estant fiere de ma souffrance,
Et qui la prens pour ton esbatement,
Tu m'entretiens en ce contentement
(Bien qu'il soit vain) par l'espoir, qui m'attire,
Comme viuantz tout d'vn sustantement
Moy de t'aymer,& toy de mon martyre.

celix.

CCLIX.

En permettant, que mon si long pener
Pour s'exercer iamais ne diminue,
Tresaisément te peult acertener,
Qu'en fermeté ma foy il insinue,
Affin qu'estant deuant toy ainsi nue,
Tu sois vn iour clerement congnoissant,
Que mon trauail sans cesser angoissant,
Et tressuant a si haulte victoyre,
Augmente a deux double loyer croissant,
A moy merite, a toy louange, & gloyre.

CCLX.

Le ieune Archier veult chatouiller Delie:
Et, se iouant, d'vne espingle se poinct.
Lors tout soubdain de ses mains se deslie,
Et puis la cherche, & voit de poinct en poinct:
La visitant luy dit: Auroys tu point

Traictz

DELIE.

Traictz, côme moy, poingnátz tant aspremét?
Ie luy respons. Elle en à voyrement
D'aultres asses, dont elle est mieulx seruie.
 Car par ceulx cy le sang bien maigrement,
Et par les siens tire & l'ame, & la vie.

CCLXI.

Au commun plainct ma ioye est conuertie
De dueil priue'en mon particulier,
Par la Fortune en mon sort compartie,
Quasi pour moy vn malheur familier,
Qui m'à frustre' de ce bien singulier,
Parqui raison contre debuoir opine.
 Doncques voyant la tresriche rapine
En main d'aultruy, indigne d'elle, enclose,
De mon labeur me fault cueillir l'Espine
Au loz, & heur de qui à eu la Rose.

CCLXII.

Le Ciel de soy communement auare,
Nous à cy bas heureusement transmys
Tout le hault bien de parfection rare,
Duquel il s'est totalement demys,
Comme qui veult ses chers, & sainctz amys
D'aulcun bienfaict haultement premier.
 Car il à plut (non de ce coustumier)
Toute Vertu en ces bas lieux terrestres
Soubz ce grand Roy, ce grand FRANCOYS pre-
Triumphateur des armes, & des lettres. (mier,
         cclxiij.

CCLXIII.

Par tes vertuz excellentement rares
Tu anoblis, ô grand Roy, ce grand Monde.
Parquoy ce Siecle aux precedantz barbares
S'enfle du bien, que par toy luy abonde:
Et l'Vniuers cline sa teste ronde
A ta statue aux Cieulx resplendissante,
En contemplant la Fame, qui luy chante,
L'Eternité, qui tousiours luy escript,
La Gloyre aussi, qui a l'orner se vante
Par temps, qui n'à aulcun terme prescript.

CCLXIIII.

Si le blanc pur est Foy immaculée,
Et le vert gay est ioyeuse Esperance.
Le rouge ardent par couleur simulée
De Charité est la signifiance:
Et si ces troys de diuerse substance
(Chascune en soy) ont vertu speciale,
Vertu estant diuinement Royalle,
Ou pourra lon, selon leur hault merite,
Les allier en leur puissance esgalle,
Sinon en vne, & seule Marguerite?

CCLXV.

De la clere vnde yssant hors Cytharée,
Parmy Amours d'aymer non resoulue,
En volupté non encor esgarée,
Mais de pensée, & de faict impolue,
Lors que Prognes le beau Printemps salue,

Et la Mer calme aux ventz plus ne s'irrite,
Entre plusieurs veit vne marguerite
Dans sa Coquille, & la prenant i'ellys
Ceste, dit elle, en prys, lustre, & merite,
Pour decorer (vn temps viendra) le Lys.

CCLXVI.

Poure de ioye, & riche de douleur
On me peult veoir tous les iours augmentant:
Augmentant, dy ie, en cest heureux malheur,
Qui va tousiours mon espoir alentant.
Et de mon pire ainsi me contentant,
Que l'esperance a l'heure plus me fasche,
Quand plus au but de mon bien elle tasche.
Dont n'est plaisir, ny doulx concent, que i'oye,
Qui ne m'ennuye, encores que ie sache
Toute tristesse estre veille de ioye.

CCLXVII.

Tu es, Miroir, au cloud tousiours pendant,
Pour son image en ton iour receuoir:
Et mon cœur est aupres d'elle attendant,
Qu'elle le vueille aumoins, apperceuoir.
Elle souuent (ô heureux) te vient veoir,
Te descouurant secrette, & digne chose,
Ou regarder ne le daigne, & si ose
Ouir ses pleurs, ses plainctz, & leur sequelle.
Mais toute dame en toy peult estre enclose,
Ou dedans luy aultre entrer n'y peult, qu'elle.

CCLXVIII.

Le Cœur, de soy foiblement resoulu,
Souffroit asses la chatouillant poincture,
Que le traict d'or fraischement esmoulu
Luy auoit fait sans aulcune ouuerture.
   Mais liberté, sa propre nourriture,
Pour expugner vn tel assemblement
D'estre né libre, & faict serf amplement,
Y obuioyt par mainte contremine,
Quand cest Archier, tirant tant simplement,
Monstra, que force en fin, peu a peu, mine.

CCLXIX.

De toute Mer tout long, & large espace,
De terre aussi tout tournoyant circuit,
Des Montz tout terme en forme haulte, & bas(se
Tout lieu distãt, du iour & de la nuict,
Tout interualle, ô qui par trop me nuyt,

Seront rempliz de ta doulce rigueur.
   Ainsi passant des Siecles la longueur,
Surmonteras la haulteur des Estoilles
Par ton sainct nom, qui vif en ma langueur
Pourra par tout nager a plaines voiles.

CCLXX.

Sur fraile boys d'oultrecuydé plaisir
Nageay en Mer de ma ioye aspirée,
Par vn long temps, & asseuré plaisir
Bien pres du Port de ma paix desirée
   Ores fortune enuers moy conspirée
M'à esueillé cest orage oultrageux,
Dont le fort vent de l'espoir courageux
Du vouloir d'elle, & du Haure me priue,
Me contraingnant soubz cest air vmbrageux
Vaguer en gouffre, ou n'y à fons ne ryue.

CCLXXI.

Opinion, possible, mal fondée
Fantasia sur moy ie ne sçay quoy :
Parquoy accoup l'aigreur m'est redondée
De ses desdaingz, & si ne sçay pourquoy.
   Ie m'examine, & pense apart tout coy
Si par malice, ou par inaduertance
I'ay rien commis : mais sans point de doubtance
Ie trouue bien, que celluy se desayme,
Qui erre en soy par trop grande constance
Mais quelle erreur, sinon que trop il ayme?

cclxxij.

CCLXXII.

Ie vois cherchant les lieux plus solitaires
De desespoir, & d'horreur habitez,
Pour de mes maulx les rendre secretaires,
Maulx de tout bien, certes, desheritez,
Qui de me nuire, & aultruy vsitez,
Font encor paour, mesme a la solitude,
Sentant ma vie en telle inquietude,
Que plus fuyant & de nuict, & de iour
Ses beaulx yeulx sainctz, pl⁹ loing de seruitude
A mon penser sont icy doulx seiour.

CCLXXIII.

Pourquoy fuys ainsi vainement celle,
Qui de mon ame à eu la meilleur part?
Quand, m'esloingnāt, tant a moy suis rebelle,
Que de moy fais, & non d'elle, depart.
Soit que ie sois en public ou a part,
Ses faictz, ses dictz sont a moy euidentz,
Et en son froict tellement residentz,
Que loing encor, ie souffre en leur meslée,
Ou, estant près, par mes souspirs ardentz
I'eschaufferois sa pensée gelée.

CCLXXIIII.

La Mort pourra m'oster & temps, & heur,
Voire encendrir la mienne arse despouille:
Mais qu'elle face, en fin que ie ne vueille
Te desirer, encor que mon feu meure?
Si grand pouoir en elle ne demeure.

h 5   Des

Tes fiers desdaingz, toute ta froide essence,
Ne feront point, me nyant ta presence,
Qu'en mon penser audacieux ne viue,
Qui, maulgre' Mort, & maulgre' toute absence,
Te represente a moy trop plus, que viue.

CCLXXV.

Tous temps ie tumbe entre espoir, & desir:
Tousiors ie suis mesle' de doubte, & crainte:
Tous lieux me sont ennuy, & desplaisir:
Tout libre faict m'est esclaue contrainte,
Tant est ma vie a la presence astrainte
De celle là, qui n'en à point soucy.
   Vien, Dame, vien: Asses as esclercy
Ces champs heureux, ou a present seiourne
Ton Orient, & en la Ville icy
Iamais, sans toy, a mes yeulx ne s'aiourne.

CCLXXVI.

De mon cler iour ie sens l'Aulbe approcher,
Fuyant la nuict de ma pensée obscure.
Son Crepuscule a ma veue est si cher,
Que d'aultre chose elle n'à ores cure.
Ià son venir a eschauffer procure
Le mortel froit, qui tout me congeloit.
   Voyez, mes yeulx, le bien que vous celoit
Sa longue absence en presence tournée:
Repaissez donc, comme le Cœur souloit,
Vous loing priuez d'vne telle iournée

CCLXXVII.

Au doulx record de son nom ie me sens
De part en part l'esperit trespercer
Du tout en tout, iusqu'au plus vif du sens:
Tousiours, toute heure, & ainsi sans cesser
Fauldra finir ma vie, & commencer
En ceste mort inutilement viue.
   Mais si les Cieulx telle prerogatiue
Luy ont donnée, a quoy en vain souspire?
Ià ne fault donc que de moy ie la priue,
Puis qu'asses vit, qui meurt, quand il desire.

CCLXXVIII.

A son Amour la belle aux yeulx aiguz
Fait vn bandeau d'vn crespe de Hollande,
Lequel elle ouure, & de plumes d'Argus
Le va semant par subtilité grande.
   Adonc l'Enfant esbahy luy demande:
                      Pour

Pourquoy metz tu en ce lieu des yeulx faincts?
  C'est pour monstrer, luy dy ie, que tu fains
De ne veoir point contre qui tu sagettes:
Car, sans y veoir, parmy tant de coups vains
Elle eust sentu, quelquesfoys, tes sagettes.

CCLXXIX.

Ces deux Soleilz nuisamment penetrantz,
Qui de mon viure ont eu si long Empire,
Par l'oeil au Coeur tacitement entrantz
Croissent le mal, qui au guerir m'empire.
  Car leur clarté esblouissamment pire
A son entrée en tenebres me met:
Puis leur ardeur en ioye me remet,
M'esclairant tout au fort de leurs alarmes
Par vn espoir, qui rien mieulx ne promet,
Qu'ardētz souspirs estaīctz en chauldes larmes.

CCLXXX.

Amour lustrant tes sourcilz Hebenins,
Auecques toy contre moy se conseille:
Et se monstrantz humainement benings,
Le moindre d'eulx mille mortz m'appareille.
  Arcz de structure en beaulté nompareille,
A moy iadis immortel argument,
Vous estes seul, & premier instrument,
Qui liberté, & la raison offence.
  Car qui par vous conclut resolument
Viure en aultruy, en soy mourir commence.

CCLXXXI.

I'espere, & crains, que l'esperance excede
L'intention, qui m'incite si fort.
Car ia mon cœur tant sien elle possede,
Que contre paour il ne fait plus d'effort.
　Mais seurement, & sans aulcun renfort
Ores ta face, ores le tout il lustre:
Et luy suyuant de ton corps l'ordre illustre,
Ie quiers en toy ce, qu'en moy i'ay plus cher.
Et bien qu'espoir de l'attente me frustre,
Point ne m'est grief en aultruy me chercher.

CCLXXXII.

Tousiours mourant, tousiours me trouue sain
Tremblant la fieburé en moy continuelle,
Qui doulcement me consomme le sein
Par la chaleur d'elle perpetuelle,
Que de sa main de froideur mutuelle
Celle repaist, ainsi qu'oyseau en cage.
　Aussi, ô Gantz, quád vous leuay pour gage,
Et le baiser, qu'au rendre vous donnay
Me fut heureux, toutesfoys dur presage:
Car lors ma vie, & moy abandonnay.

CCLXXXIII.

Toute doulceur d'Amour est destrempée
De fiel amer, & de mortel venin,
Soit que l'ardeur en deux cœurs attrempée
Rende vn vouloir mutuel, & benin.
　Delicatesse en son doulx femenin

Auec

Auec ma ioye à d'elle prins congé.
Fais donc, que i'aye, ô Apollo, songé
Sa fiebure auoir si grand' beaulte' rauie,
Et que ne voye en l'Occean plongé
(Auant le soir) le Soleil de ma vie.

CCLXXXIIII.

Si poingnant est l'esperon de tes graces,
Qu'il m'esguillonne ardemment, ou il veult,
Suyuant tousiours ses vertueuses traces,
Tant que sa poincte inciter en moy peult
Le hault desir, qui iour, & nuict m'esmeult
A labourer au ioug de loyaulté.
Et tant dur est le mors de ta beaulté
(Combien encor que tes vertus l'excellent)
Que sans en rien craindre ta cruaulté
Ie cours soubdain, ou mes tourmetz m'appellet.

CCLXXXV.

Pour m'incliner souuent a celle image
De ta beaulté esmerueillable Idée,
Ie te presente autant de foys l'hommage,
Que toute loy en faueur decidée
Te peult donner. Parquoy ma foy guidée
De la raison, qui la me vient meurant,
Soit que ie sorte, ou soye demeurant,
Reueramment, te voyant, te salue,
Comme qui offre, auec son demeurant
Ma vie aux piedz de ta haulte value.

CCLXXXVI.

Voyez combien l'espoir pour trop promettre
Nous fait en l'air, comme Corbeaulx, muser:
Voyez comment en prison nous vient mettre,
Cuydantz noz ans en liberté vser:
Et d'vn desir si glueux abuser,
Que ne pouons de luy nous dessaisir,
　Car pour le bien, que i'en peu choisir,
Sinistrement esleu a mon malheur,
Ou ie pensois trouuer ioye, & plaisir
I'ay rencontré & tristesse, & douleur.

CCLXXXVII.

Bien eut voulu Apelles estre en vie
Amour ardent de se veoir en Pourtraict:
Et toutesfois si bon Paintre il conuie,
Que par prys faict a son vouloir l'attraict.
　I'à Benedict acheuoit arc, & traict,
　　　　　　　　　　　Cuydant

Cuydant l'auoir doctement retiré:
Quand par la main soubdain l'ay retiré:
Cesse, luy dy ie, il fault faire aultrement.
  Pour bien le paindre oste ce traict tiré,
Et paings au vif Delie seulement.

CCLXXXVIII.

Qui veult scauoir par commune euidence
Comme lon peult soymesmes oblyer,
Et, sans mourir, prouuer l'esperience,
Comment du Corps l'Ame on peult deslyer,
Vienne ouyr ceste, & ses dictz desplier
Parolle saincte en toute esiouissance,
En qui Nature à mis pour sa plaisance
Tout le parfaict de son diuin ouurage,
Et tellement, certes, qu'a sa naissance
Renouella le Phœnix de nostre aage

CCLXXXIX.

Combien encor que la discretion,
Et iugement de mon sens ne soit moindre,
Que la douleur de mon affliction,
Qui d'auec moy la raison vient desioindre,
Ie puis (pourtant) a la memoire adioindre
Le souuenir de ton diuers accueil,
Ores en doulx, ore en triste reueil
De destinée a mon malheur suyuie,
Me detenant en vn mesme cercueil
Tousiours viuant, tousiours aussi sans vie.

CCXC.

Que ne suis donc en mes Limbes sans dueil,
Comme sans ioye, ou bien viure insensible?
Voulant de toy dependre, & de mon vueil,
Ie veulx resouldre en mon faict l'impossible.
   Car en ton froit par chault inconuincible
Ie veulx l'ardeur de mon desir nourrir,
Et, vainquant l'vn, a l'aultre recourir
Pour tousiours estre autãt tout miẽ, que tien:
Parquoy viuant en vn si vain maintien,
Ie meurs tousiours doulcement sans mourir.

CCXCI.

En son habit tant humainement coincte,
En son humain tant diuinement sage,
En son diuin tant a vertu conioincte,
En sa vertu immortel personnage.
   Et si la Mort, quelque temps, pert son aage
Pour derechef viure immortellement,
C'est qu'elle viue à vescu tellement,
Que par trespas ne mourra desormais,
Affin qu'au mal, qui croist iournellement,
Tousiours mourant ie ne meure iamais.

CCXCII.

Basse Planete a l'ennuy de ton frere,
Qui s'exercite en son chault mouuement,
Tu vas lustrant l'vn, & l'autre Hemispere,
Mais dessoubz luy, aussi plus briefuement
   Tu as regard plus intentiuement

A hu-

DELIE.

A humecter les fueilles, & les fleurs:
Et ceste cy par mes humides pleurs
Me reuerdit ma flestrie esperance.
 Aux patientz tu accroys leurs douleurs:
Et ceste augmête en moy ma grãd souffrance.

CCXCIII.

Tant de sa forme elle est moins curieuse,
Quand plus par l'œil de l'Ame elle congnoit,
Que la ruyne au temps iniurieuse
Perdra le tout, ou plus lon s'adonnoit.
 Doncques ainsi elle se recongnoit,
Que son mortel est du vif combatu?
Certes, estant ton corps foible abatu,
Par vn debuoir de voulente' libere
A doreront ta diuine vertu
Et Tanais, & le Nil, & l'Ibere

CCXCIIII.

Mansuetude en humble grauite'
La rend ainsi a chascun agreable,
Estre priuée en affabilite'
La fait de tous humainement aymable:
Et modestie en ces faictz raisonnable
Monstre, qu'en soy elle à plus, que de femme.
 Posterite', d'elle priuée, infame,
Barbares gentz du Monde diuisez
Oultre Thyle, & le Temps, & la Fame
Alterneront ses haultz honneurs prisez.

CCXCV.

CCXCV.

De fermeté plus dure, que Dyaspre,
Ma loyaulté est en toy esmaillée:
Comme statue a l'esbaucher toute aspre:
Et puis de Stuc polyment entaillée,
Par foy en main de constance baillée
Tu l'adoulcis, & ià reluict tresbien.
   Ame enyurée au moust d'vn si hault bien,
Qui en son faict plus, qu'au mien m'entrelasse,
Ne sçais tu pas (mesme en amours) combien
Double peine à, qui pour aultruy se lasse?

CCXCVI.

Nous esbatantz ma Dame, & moy sur l'eau,
Voicy Amour, qui vint les ioustes veoir:
Veulx tu, dit il, congnoistre bien, & beau,
Si tu pourras d'elle victoyre auoir?
Eslis (le mieulx, que tu pourras sçauoir)

i 2   **L'vn**

L'vn de ceulx cy, & les iouſtantz me monſtre.
　　Et quand ie vy, qu'ilz s'entreuenoient côtre,
Ie pris le hault pour plus grande aſſeurance:
Mais tout ſoubdain a ceſte aſpre rencontre
Fut renuerſé auec mon eſperance.

CCXCVII.

Fortune en fin te peut domeſtiquer,
Ou les trauaulx de ma ſi longue queſte,
Te contraingnant par pitié d'appliquer
L'oreille ſourde a ma iuſte requeſte.
Tu l'exaulças, & ce pour la conqueſte
Du vert Printemps, que ſoubz ta main vſay.
Et ſi alors a grand tort accuſay
Ta familiere, & humaine nature:
Et priuément (peult eſtre) en abuſay:
Ta coulpe fut, & ma bonne auenture.

CCXCVIII.

Plus ie pourſuis par le diſcours des yeulx
L'art, & la main de telle pourtraicture,
Et plus i'admire, & adore les Cieulx
Accompliſſantz ſi belle Creature,
Dont le parfaict de ſa lineature
M'eſmeult le ſens, & l'imaginatiue:
Et la couleur du vif imitatiue
Me brule, & ard iuſques a l'eſprit rendre.
　　Que deuiendroys ie en la voyant lors viue?
Certainement ie tumberois en cendre.

ccxcix.

CCXCIX.

Près que sorty de toute obeissance,
Ie ne sçay quoy le sens me barbouilloit:
Et ià remis en ma libre puissance,
Le ieune sang tout au corps me bouilloit.
Noueau plaisir alors me chatouilloit
De liberté, & d'vne ioye extreme.
    Mais ma ieunesse en licence supreme,
Quand seulement commençois a venir,
Me contraingnit a m'oblier moymesmes
Pour mieulx pouoir d'aultruy me souuenir.

CCC.

Comme gelée au monter du Soleil,
Mon ame sens, qui toute se distille
Au rencontrer le rayant de son œil,
Dont le pouoir me rend si fort debile,
Que ie deuien tous les iours moins habile
A resister aux amoureux traictz d'elle.
    En la voyant ainsi plaisamment belle,
Et le plaisir croissant de bien en mieulx
Par vne ioye incongneue, & nouelle,
Que ne suis dõc plus, qu'Argus, tout en yeulx?

CCCI.

Le Painctre peult de la neige depaindre
La blãcheur telle, a peu près, qu'on peult veoir:
Mais il ne sçait a la froideur attaindre,
Et moins la faire a l'œil apperceuoir.
    Ce me seroit moymesmes deceuoir,

Et

Et grandement me pourroit lon reprendre,
Si ie taschois a te faire comprendre
Ce mal, qui peult, voyre l'Ame opprimer,
Que d'vn obiect, comme peste, on voit prēdre,
Qui mieulx se sent, qu'on ne peult exprimer.

CCCII.

De ton sainct œil, Fusil sourd de ma flamme,
Naist le grand feu, qui en mon cœur se cele:
Aussi par l'œil il y entre, & l'enflamme
Auecques morte, & couuerte estincelle,
Me consumant, non les flancs, non l'esselle,
Mais celle part, qu'on doibt plus estimer,
Et qui me fait, maulgré moy, tant aymer,
Qu'en moy ie dy telle ardeur estre doulce,
Pour non (en vain) l'occasion blasmer
Du mal, qui tout a si hault bien me poulse.

CCCIII.

Celle regit le frain de ma pensée,
Autour de qui Amour pleut arcz, & traictz,
Pour des Cieulx estre au meurdre dispensée,
Parqui a soy elle à tous cœurs attraictz,
Et tellement de toute aultre distraictz,
Qu'en elle seule est leur desir plus hault.
 Et quant a moy, qui sçay, qu'il ne luy chault,
Si ie suis vif, ou mort, ou en estase,
Il me suffit pour elle en froit, & chault
Souffrir heureux doulce antiperistase.

CCCIIII.

A quoy pretendre yssir librement hors
D'vne si doulce, & plaisant seruitude?
Veu que Nature & en l'Ame, & au Corps
En à ia fait, voire telle habitude,
Que plus tost veult toute solicitude,
Que liberté, loisir, & leurs complisses.
   Car en quictant Amour, & ses delices,
Par Mort serois en ma ioye surpris.
Parquoy enclos en si doubteuses lisses,
Captif ie reste, & sortant ie suis pris.

CCCV.

Ores cornue, ores plainement ronde,
Comme on te veoit amoindrir, & recroistre,
Tu vas, Errente, enuironnant le Monde,
Non pour cy bas aux mortelz apparoistre,
Mais pour noz faictz pl⁹ amplemẽt cõgnoistre,
                     Soit

Soit en deffaultz, ou accomplissementz.
　Aussi tu vois les doulx cherissementz
De tous Amantz, & leurs cheres estrainctes:
Tu oys aussi leurs remercyementz,
Ou de moy seul tu n'entens, que mes plainctes.

CCCVI.

Tes cheueulx d'or annellez, & errantz
Si gentement dessus ton Soleil dextre,
Sont les chaynons estroictement serrantz
De mille Amantz l'heureux, & mortel estre.
　Bien qu'être nous ne soit plus cher, que d'estre,
Et tout en soy viure amyablement,
Si tens ie bien, & raisonnablement,
Dessoubz telz laqz ma vie estre conduicte,
Voire y finir, tant honorablement
Ie veulx perir en si haulte poursuyte.

CCCVII.

Si, tant soit peu, dessus ton sainct Pourtraict
L'oeil, & le sens aulcunement ie boute,
De tout ennuy ie suis alors distraict,
Car ta figure a moy s'addonne toute.
　Si ie luy parle, intentiue elle escoute,
Se soubriant a mes chastes prieres.
　Idole mienne, ou fais que ses meurs fieres
Celle là puisse en humaines changer,
Ou bien reprens ses superbes manieres,
Pour non, ainsi m'abusant, m'estranger.

cccviij.

CCCVIII.

Est il possible, ô vaine Ambition,
Que les plus grandz puissent oultrecuyder
Si vainement, que la fruition,
N'ayant pouoir de leurs combles vuyder,
Les vienne ainsi d'auarice brider,
Que moins ilz ont, quand plus cuydent auoir?
　Aussi Fortune en leurs plus hault pouoir
Se faint de honte estre ailleurs endormie,
Comme a chascun euidemment feit veoir
Celle Prouince aux Charles ennemye.

CCCIX.

Pour non ainsi te descouurir soubdain
L'entier effect de ce mien triste dueil,
Naist le plaisir, qui se meurt par desdain,
Comme au besoing n'ayant eu doulx accueil,
Et deffaillant la craincte, croist mon vueil,
Qui de sa ioye en moy se desespere.
　Donc si par toy, destinée prospere,
Le cœur craintif, (comme tu m'admonestes)
Tousiours plus m'ard cependant, qu'il espere,
Digne excuse est a mes erreurs honnestes.

CCCX.

Par mes souspirs Amour m'exhale l'Ame,
Et par mes pleurs la noye incessamment.
Puis ton regard a sa vie l'enflamme,
Renouellant en moy plus puissamment.
　Et bien qu'ainsi elle soit plaisamment,

Tousiours

Tousiours au Corps son tourment elle liure,
Comme tous temps renaist, non pour reuiure
Mais pour plus tost derechef remourir:
　Parquoy iamais ie ne me voy deliure
Du mal, auquel tu me peux secourir.

CCCXI.

On me disoit, que pour la conuerser,
Plus la verrois de pitié nonchalante:
Et ie luy vy clers cristallins verser
Par l'vne, & l'aultre estoille estincellante:
Souspirs sortir de son ame bouillante:
Mais ie ne scay par qu'elle occasion.
　Fust de courroux, ou de compassion.
Ie sentis tant ses pleurs a moy se ioindre,
　Qu'en lieu d'oster mon alteration,
M'accreurent lors vn aultre feu non moindre.

CCCXII.

Amour plouroit, voire si tendrement,
Qu'a larmoyer il esmeut ma Maistresse,
Qui auec luy pleurant amerement,
Se distiloit en l'armes de destresse.
　Alors l'Enfant d'vne esponge les presse,
Et les reçoit: & sans vers moy se faindre,
Voicy, dit il, pour ton ardeur estaindre:
Et, ce disant, l'esponge me tendit.
　Mais la cuydant a mon besoing estraindre
En lieu d'humeur flammes elle rendit.

CCCXIII.

Cest Oeil du Monde, vniuersel spectacle
Tant reuere' de Terre, Ciel, & Mer,
En ton miroir, des miracles miracle,
Il s'apperçoit iustement deprimer,
Voyant en toy les Graces s'imprimer
Trop mieulx, qu'en luy nostre face a le veoir.
   Parquoy tel tort ne pouant receuoir,
S'en fuyt de nous, & ce Pole froid laisse,
Tacitement te faisant asçauoir,
Que, qui se veoit, l'enfle' d'orgueil abaisse.

CCCXIIII.

Apparoissant l'Aulbe de mon beau iour,
Qui rend la Mer de mes pensers paisible,
Amour vient faire en elle doulx seiour,
Plus fort arme', toutesfoys moins noysible.
   Car a la veoir alors il m'est loysible,

Sans

Sans qu'il m'en puisse aulcunement garder.
   Parquoy ie vien, coup a coup, regarder
Sa grand' beaulté, & d'vn tel appetit,
Qu'a la reueoir ne puis vn rien tarder,
Me sentant tout en veue trop petit.

CCCXV.

Mon ame en Terre (vn temps fut) esprouua
Des plus haultz Cieulx celle beatitude,
Que l'œil heureux en ta face trouua,
Quand il me mit au ioug de seruitude.
   Mais, las, depuis que ton ingratitude
Me desroba ce tant cher priuilege
De liberté, en son mortel College
Malheur me tient soubz sa puissance grande.
   Aussi cest An par Mort, qui tout abrege,
France perdit ce, qu'à perdu Hollande.

CCCXVI.

Ta beaulté fut premier, & doulx Tyrant,
Qui m'arresta tresuiolentement:
Ta grace apres peu a peu m'attirant,
M'endormit tout en son enchantement:
Dont assoupy d'vn tel contentement,
N'auois de toy, ny de moy congnoissance.
   Mais ta vertu par sa haulte puissance
M'esueilla lors du sommeil paresseux,
Auquel Amour par aueugle ignorance
M'espouantoit de maint songe angoisseux.

CCCXVII.

Plus ie la voy, plus i'adore sa face,
Miroir meurdrier de ma vie mourante:
Et n'est plaisir, qu'a mes yeulx elle face,
Qu'il ne leur soit vne ioye courante,
Comme qui est de leur mal ignorante,
Et qui puis vient en dueil se conuertir.
  Car du profond du Cœur me fait sortir
Deux grādz ruisseaulx, procedātz d'vne veine,
Qui ne se peult tarir, ne diuertir,
Pour estre viue, & sourgeante fontaine.

CCCXVIII.

La crainte adioinct aeles aux piedz tardifz,
Pour le peril eminent eschapper,
Et le desir rend les couardz hardiz,
Pour a leur blanc diligemment frapper.
Mais toy, Espoir, tu nous viens attraper,
Pour nous promettre, ou aspirer on n'ose.
Parquoy estant par toy liberté close,
Le seul vouloir petitement idoyne,
A noz plaisirs, comme le mur s'oppose
Des deux Amantz baisé en Babyloine.

CCCXIX.

Plus pour esbat, que non pour me douloir
De tousiours estre en passions brulantes,
Ie contentois mon obstiné vouloir:
Mais ie sentis ses deux mains bataillantes,
Qui s'opposoient aux miennes trauaillantes,

Pour

Pour mettre a fin leur honneste desir.
　Ainsi, Enfant, comme tu peulx saisir,
Et (quand te plait) hômes, & Dieux cõquerre:
Ainsi tu fais (quand te vient a plaisir)
De guerre paix, & de celle paix guerre.

CCCXX.

Tu te verras ton yuoire cresper
Par l'oultrageuse, & tardifue Vieillesse.
Lors sans pouoir en rien participer
D'aulcune ioye, & humaine liesse,
Ie n'auray eu de ta verte ieunesse,
Que la pitié n'à sceu a soy ployer,
Ne du trauail, qu'on m'à veu employer
A soustenir mes peines ephimeres,
Comme Apollo, pour merité loyer,
Sinon rameaulx, & fueilles tresameres.

CCCXXI.

Asses ne t'est d'auoir mon cœur playé,
Mais tout blessé le tenir en destresse,
Ou tout Tyrant, fors toy, eust essayé,
L'auoir vaincu, le iecter hors d'oppresse.
　Et tu luy as, non point comme Maistresse,
Mais comme sien capital aduersaire,
Osté l'espoir a ce mal necessaire:
Lequel par toy si aigrement le mord,
Que se sentant forcé soubz tel Coursaire,
Pour non mourir tousiours, ne crainct la Mort.

cccxxij.

CCCXXII.

Que ie m'ennuye en la certaineté
Sur l'incertain d'vn tel facheux suspend!
Voire trop plus, qu'en la soubdaineté,
Ou le hazard de tout mon bien depent.
    Mais que me vault si le Cœur se repent?
Regret du temps prodiguement vsé
L'oppresse plus que cest espoir rusé,
Qui le molesté, & a fin le poursuyt.
    Bref quand i'ay bien de moymesme abusé,
Ie suis la peine, & le trauail me suyt.

CCCXXIII.

Grace, & Vertu en mon cœur enflammerent
Si haultz desirs, & si pudiquement,
Qu'en vn sainct feu ensemble ilz s'allumerent,
Pour estre veu de tous publiquement,
Duquel l'ardeur si moins iniquement

Et

Et Cœur, & Corps iusqu'au mouelles gaste,
D'vn penser chaste en sorte ie l'appaste
Pour antidote, & qui peult secourir,
Que bien souuent ma Cruelle se haste,
Playant mon cœur, d'vn soubris le guerir.

CCCXXIIII.

Souuent Amour suscite doulce noise,
Pour tout a celle vniquement complaire,
Qui a m'occire est tousiours tant courtoise:
Que ne luy veulx, & ne scauroys desplaire:
Et si m'en plaings, & bien m'en vouldrois taire,
Tant est fascheux nostre plaisant debat.
Et quand a moy son droit elle debat,
Mon Paradis elle ouure, & lors m'appaisse,
Pour non donner aux enuieux esbat:
Parquoy ie cele en mon cœur si grand aise.

CCCXXV.

Ie m'ayme tout au desdaing de la hayne,
Ou toutesfois ie ne l'ose irriter,
Si doulcement elle est de courroux plaine,
Que contre soy se prent a despiter:
Dont tout plaisir ie me sens conciter,
Et n'est possible en fin que ie m'en t'aise.
Parquoy couurat en mon cœur ce grand aise,
Qui ne me peult detenir en ma peau,
Ie vois a elle, & m'accuse, & l'apaise,
Lors l'air trouble soudain retourne en beau.

cccxxvj.

CCCXXVI.

Chantant Orphée au doulx son de sa lyre,
Tira pitié du Royaulme impiteux:
Et du tourment appaisa toute l'ire,
Qui pour sa peine est en soy despiteux.
　En mon trauail, moy miserable, honteux
Sans obtenir, tant soit petite grace,
N'ay peu tirer de sa benigne face,
Ny de ses yeulx vne larme espuiser,
Qui sur mon feu eusse viue efficace,
Ou de l'estaindre, ou bien de l'attiser.

CCCXXVII.

Mon mal se paist de mon propre dommage,
Tant miserable est le sort des Amantz,
Qui d'vn second cuydantz pretẽdre hõmage,
Ensemble sont eulx mesmes consommantz.
　Dont en mon mal mes esperitz dormantz,
Et enuielliz me rendent insensible,
Quasi voulantz, que contre l'impossible
Ie viue ainsi vne mourante vie,
Qui en l'ardeur tousiours inconuincible
Plus est contente, & moins est assouuye.

CCCXXVIII.

Ià tout haultain en moy ie me paonnois
De ce, qu'Ammour l'auoit peu inciter:
Mais seurement (a ce, que ie congnois)
Quand il me vint du bien feliciter,
Et la promesse au long me reciter,

k　ɪ　　　　Il me

DELIE.

Il me seruit d'vn tresfaulx Truchement.
 Que diray donc de cest abouchement,
Que Lygurie, & Prouence, & Venisse
Ont veu (en vain) assembler richement
Espaigne, France, & Italie, a Nice?

CCCXXIX.

Produicte fust au plus cler ascendant
De toute estoille a nous mortelz heureuse:
Et plus de grace a son aspect rendant,
Grace aux Amantz toutesfois rigoureuse.
 Le Ciel voyant la Terre tenebreuse,
Et toute a vice alors se auilissant,
La nous transmit, du bien s'esiouissant,
Qui en faueur d'elle nous deifie.
 Parquoy despuis ce Monde fleurissant
Plus que le Ciel, de toy se glorifie.

CCCXXX.

Ie sens par fresche, & dure souuenance
Ce mien souhaict a ma fin s'aiguiser,
Iettant au vent le sens, & l'esperance,
Lesquelz ie voy d'auec moy diuiser,
Et mon proiect si loing ailleurs viser,
Que plus m'asseure, & moins me certifie.
 Au fort mon cœur en sa douleur se fie,
Qui ne me peult totalement priuer
Du grand desir, qui tout se viuifie,
Ou ie ne puis desirant arriuer.

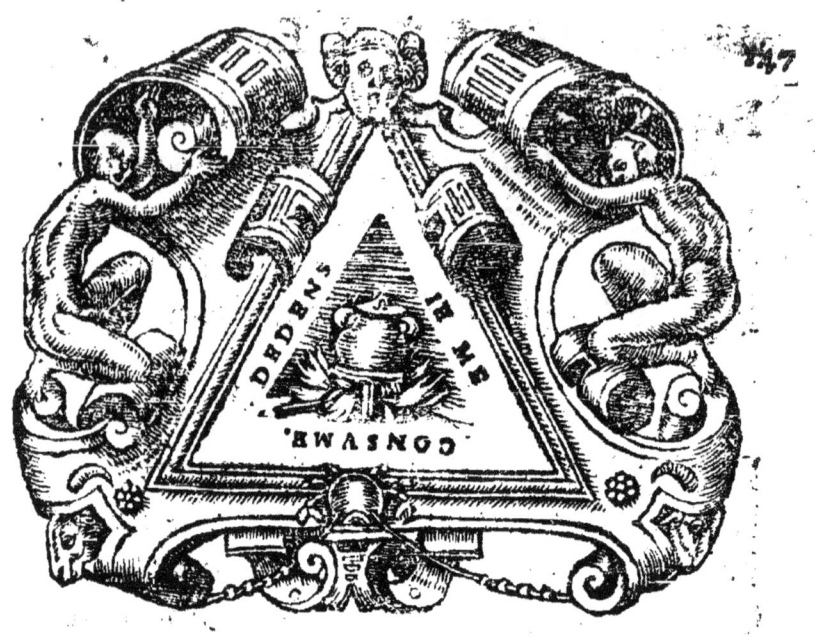

CCCXXXI.

Lors que le Linx de tes yeulx me penetre
Iusques au lieu, ou piteusement i'ars,
Ie sens Amour auec pleine pharetre
Descendre au fond pour esprouuer ses arcs.
   Adonc, craingnant ses Magiciens arts,
L'Ame s'enfuit souffrir ne le pouant.
Et luy vainqueur plus fier, qu'au parauant,
Pour le desgast le feu par tout allume,
Lequel ayant ioye, & rys au deuant
Ne monstre hors ce, qu'en moy il consume.

CCCXXXII.

Merueille n'est, Deesse de ma vie,
Si en voyant tes singularitez
Me croist tousiours, de plus en plus, l'enuie
A poursuyuir si grandes raritez.
   Ie sçay asses, que noz disparitez

(Non

(Non sans raison) feront esbahyr maints,
Mais congnoissant soubz tes celestes mains
Estre mon ame heureusement traictée,
J'ay beaucoup plus de tes actes humains,
Que liberté de tous tant souhaictée.

CCCXXXIII.

Mauluais vsage, & vaine opinion
Gastent le bon de nostre mortel viure,
Ou toute saincte, & parfaicte vnion
Nous fait le vray de l'equité ensuyure.
  Aussi a bien vertueusement viure
En son amour seulement commençoys,
Quand ie te vy, (& bienheureuse en soys)
Sauoye ostée a ton persecuteur,
Reduicte aux mains de ce premier FRANCOYS,
Premier, & seul des vertus redempteur.

CCCXXXIIII.

Les rhetz dorez, dont Amour me detient
Lyé, & pris soubz tes vermeilles roses,
Desquelles l'vn, & l'aultre relief tient
Vn ordre vny de tes perles encloses,
M'ont captiué l'esprit, ou tu reposes
Auecques moy, & ou tu me nourris
Par doulx accueilz, & gracieux soubriz,
Par sainctes mœurs, qui sont euidamment
Vn Paradis à tous espritz marriz,
Et au mien triste vn Enfer ardemment.

CCCXXXV.

CCCXXXV.

D'vn magnanime, & haultain cœur procede
A tout gentil de donner en perdant:
Mesme qu'alors tant tout il se possede,
Que sien il est, tout aultre a soy rendant.
　Et tu m'as veu, ià long temps, attendant
De ta pitié si commendable vsure,
Que sans point faire a ta vertu iniure,
Plus, que pour moy, pour toy ie m'esuertue.
Et par se nom encor ie t'en adiure,
Qui en mon cœur escript te perpetue.

CCCXXXVI.

Ie souspiroys mon bien tant esperé,
Comme vn malade attend a son salut,
Cuydant auoir asses bien prosperé,
Ou vain espoir rien, ou peu, me valut:
Mais recourir ailleurs il me fallut
Pour me trouuer briefue expedition.
　Parquoy voyant, que la condition
De mon mal est, qu'au guerir il s'indigne,
A celle suis tout en perdition,
Que i'offençay pour l'adorer indigne.

CCCXXXVII.

Delie aux champs troussée, & accoustrée,
Comme vn Veneur, s'en alloit esbatant.
Sur le chemin d'amour fut rencontrée,
Qui par tout va ieunes Amantz guettant:
Et luy à dit, près d'elle volletant:

DELIE.

Comment? vas tu sans armes a la chasse?
　N'ay ie mes yeulx dit elle, dont ie chasse,
Et par lesquelz i'ay maint gibbier surpris?
　Que sert ton arc, qui rien ne te pourchasse,
Veu mesmement que par eulx ie t'ay pris?

CCCXXXVIII.

Tant variable est l'effect inconstant
De la pensée encor plus incertaine,
Que sur les doigtz deux pour troys va cõptant,
Et tient jà près la chose bien loingtaine.
　Car estant pris dessoubz sa main haultaine,
Ie m'en allois plorant la teste basse:
Et deuant elle ainsi comme ie passe,
En me voyant me iecte vn soubris d'œil,
Qui me feit rire: & par ce ie compasse
Amour leger mesler ioye en mon dueil.

CCCXXXIX.

Vouldrois ie bien par mon dire attrapper,
Ou a mes vœutz efforcer ma Maistresse?
Ie ne le fais sinon pour eschapper
De ceste mienne angoisseuse destresse.
　Pource a l'Archier, le plus du tẽps, m'adresse,
Comme a celluy, qui plus de mal me faict:
Mais quoy? Amour, Cocodrille parfaict,
Que ce fol Monde aueuglément poursuyt,
Nous suit alors, qu'on le fuyt par effect,
Et suyt celluy, qui ardemment le fuyt

CCCXL.

Au centre heureux, au cœur impenetrable
A cest enfant sur tous les Dieux puissant,
Ma vie entra en tel heur miserable,
Que, pour iamais, de moy se bannissant,
Sur son Printemps librement fleurissant
Constitua en ce sainct lieu de viure,
Sans aultrement sa liberté poursuyure
Ou se nourrit de pensementz funebres:
Et plus ne veult le iour, mais la nuict suyure.
Car sa lumiere est tousiours en tenebres.

CCCXLI.

L'humidité, Hydraule de mes yeulx,
Vuyde tousiours par l'impie en l'oblique,
L'y attrayant, pour air des vuydes lieux,
Ces miens souspirs, qu'a suyure elle s'applique.
 Ainsi tous temps descent, monte, & replique.

Pour abreuer mes flammes appaisées.
Doncques me sont mes larmes si aisées
A tant pleurer, que sans cesser distillent?
Las du plus, hault goutte a goutte elles filent,
Tombant aux sains, dont elles sont puysées.

CCCXLII.

Ouurant ma Dame au labeur trop ardente,
Son Dé luy cheut, mais Amour le luy dresse:
Et le voyant sans raison euidente
Ainsi troué, vers Delie s'addresse.
C'est, luy dit elle, affin que ne m'oppresse
L'aiguille aigue, & que point ne m'offence.
Donc, respond il, ie croy que sa deffence
Fait que par moy ton cœur n'est point vaincu.
Mais bien du mien, dy ie, la ferme essence
Encontre toy luy sert tousiours d'escu.

CCCXLIII.

Courantz les iours a declination
Phœbus s'eschauffe en l'ardent Canicule.
Plus croist en moy mon inflammation,
Quand plus de moy ma vie se recule.
Et ià (de loing,) courbe vieilesse accule
Celle verdeur, que ie senty nouelle.
Ce neantmoins tousiours se renouelle
Le mal, qui vient ma playe reunir.
Ainsi (ô sort) l'esprœuue nous reuelle
Amour pouoir les plus vieulx reieunir.

cccxliiij.

CCCXLIIII.

En aultre part, que là, ou ilz aspirent,
Ie sens tousiours mes souspirs s'en aller,
Voire enflambez: Car alors qu'ilz respirent,
Ce n'est sinon pour l'ardeur exhaler,
Qui m'occupant l'alaine, & le parler,
Me fait des yeulx si grosse pluye estraindre.
   Mes larmes donc n'ont elles peu estaindre
Mon feu, ou luy mes grandz pleurs dessecher?
Non: mais me font, sans l'vn l'aultre empecher,
Comme boys vert, bruler, pleurer, & plaindre.

CCCXLV.

Pour la fraischeur Delie se dormoit
Sur la fontaine, & l'Archier en personne,
Qui dedans l'eau d'elle, que tant aymoit,
Voit la figure, & aulcun mot ne sonne:
Car en ce lieu sa mere il souspeçonne,
Dont il se lance au fond pour la baiser.
   Hà, dy ie lors, pour ma Dame appaiser,
Tu pleures bien cest Amour en ces eaux,
Et si ne plaings le mien, qui pour se ayser,
Se pert du tout en ces deux miens ruysseaulx.

CCCXLVI.

Ne cuydez point entre vous, qui suyuistes,
Comme ie fays, cest Enfant desuoyé,
Que mes souspirs trop legerement vistes
N'ayent mon coeur sainctemnt desuoyé.
Car il y fut pour mon bien enuoyé

k 5   Et a

Et a son pire il se voyt paruenu.
  Puis qu'il est donc vers elle mal venu,
Pourquoy ne vois ie acoup le retirer?
Las ie crains trop, qu'en lieu de le tirer,
Le Corps ne soit, comme luy, detenu.

CCCXLVII.

Veu que Fortune aux accidentz commande,
Amour au Cœur, & la Mort sur le Corps:
Occasion conteste a la demande,
Qu'affection pretent en ses accordz.
Toy seule, ô Parque, appaises leurs discordz,
Restituant la liberté rauie.
  Vien donc, heureuse, & desirée enuie,
Nous delyurant de tant facheux encombres:
Vien sans doubter, que l'esprit, & la vie
Par toy fuyront indignez soubz les vmbres.

CCCXLVIII.

Affection en vn si hault desir
Poulsa le Cœur, qu'il y attira l'Ame
Toute credule, & d'vn noueau plaisir
(Combien que vain) si doulcemẽt l'enflamme,
Que toute ardente en si confuse flamme,
Moins si congnois, quand plus de douleur sent.
  Que songe cheoir en vn peril recent,
Pene, & tressue encores qu'il s'esueille:
Parquoy ie souffre & present & absent,
Comme enchanté d'amoureuse merueille.

cccxlix.

CCCXLIX.

Ainsi que l'air de nues se deuest
Pour nous monstrer l'esprit de son serain:
Ainsi, quand elle ou triste, ou pensiue est,
Reprent le clair de son tainct souuerain,
Pour entailler mieulx, qu'en Bronze, ou ærain,
Et confermer en moy mon esperance:
A celle fin, que la perseuerance
Tousiours me poulse a si heureux deduytz,
Comme elle sçait, qu'en fidele asseurance,
Celant mon feu, a bon Port le conduys.

CCCL.

Auoir le iour nostre Occident passé,
Cedant icy a la nuict tenebreuse,
Du triste esprit plus, que du corps lassé,
Me sembla veoir celle tant rigoureuse
Monstrer sa face enuers moy amoureuse,

Et en

Et en tout acte, oultre l'espoir priué.
　Mais le matin (trop hastif) m'à priué
De telz plaisirs, ausquelz, comme vent vistes,
I'estoys par vous, traistres yeulx, arriué,
Qui cloz mon bien, & ouuertz mon mal vytes.

CCCLI.

Quasi moins vraye alors ie l'apperçoy,
Que la pensée a mes yeulx la presente,
Si plaisamment ainsi ie me deçoy,
Comme si elle estoit au vray presente:
Bien que par foys aulcunement ie sente
Estre tout vain ce, que i'ay apperceu.
　Ce neantmoins pour le bien ià receu,
Ie quiers la fin du songe, & le poursuis,
Me contentant d'estre par moy deceu,
Pour non m'oster du plaisir, ou ie suis.

CCCLII.

Quand quelquesfoys d'elle a elle me plaings,
Et que son tort ie luy fais recongnoistre,
De ses yeulx clers d'honneste courroux plains
Sortant rosée en pluye vient a croistre.
　Mais, comme on voit le Soleil apparoistre
Sur le Printemps parmy l'air pluuieux,
Le Rossignol a chanter curieux
S'esgaye lors, ses plumes arousant.
　Ainsi Amour aux larmes des ses yeulx
Ses aeles baigne, a gré se reposant:

CCCLIII.

Au vif flambeau de ses yeulx larmoyantz
Amour son traict allume, & puis le trempe
Dans les ruysseaulx doulcement vndoyantz
Dessus sa face: & l'estaingnant le trempe
Si aigrement, que hors de celle Trempe,
Le cauteleux, peu a peu, se retire
Par deuers moy, & si soubdain le tire,
Qu'il lasche, & frappe en moins, que d'vn mo-
　　Parquoy adōc auec pl⁹ grād martyre (mēt.
Ie suis blessé, & si ne sçay comment.

CCCLIIII.

Leuth resonnant, & le doulx son des cordes,
Et le concent de mon affection,
Comment ensemble vnyment tu accordes
Ton harmonie auec ma passion!
　　Lors que ie suis sans occupation
Si viuement l'esprit tu m'exercites,
Qu'ores a ioye, ore a dueil tu m'incites
Par tes accordz, non aux miens ressemblantz.
　　Car plus, que moy, mes maulx tu luy recites,
Correspondant a mes souspirs tremblantz.

CCCLV.

Entre ses bras, ô heureux, près du cœur
Elle te serre en grand' delicatesse:
Et me repoulse auec toute rigueur
Tirant de toy sa ioye, & sa liesse.
De moy plainctz, pleurs, & mortelle tristesse
　　　　　　　　　　　　Loing

Loing du plaisir, qu'en toy elle comprent.
Mais en ses bras, alors qu'elle te prent,
Tu ne sens point sa flamme dommageable,
Qui iour, & nuict, sans la toucher, me rend
Heureusement pour elle miserable.

CCCLVI.

A si hault bien de tant saincte amytié
Facilement te deburoit inciter,
Sinon debuoir, ou honneste pitié,
A tout le moins mon loyal persister,
Pour vnyment, & ensemble assister
Lassus en paix en nostre eternel throsne.
N'apperçoy tu de l'Occident le Rhosne
Se destourner, & vers Midy courir,
Pour seulement se conioindre a sa Saone
Iusqu'a leur Mer, ou tous deux vont mourir?

CCCLVII.

Heureux ioyau, tu as aultresfoys ceinct
Le doigt sacré par si gente maniere,
Que celle main, de qui le pouoir sainct
Ma liberté me detient prisonniere,
Se faingnant ore estre large aulmosniere,
Te donne a moy, mais pour plus sien me rēdre.
Car, comme puis en te tournāt comprēdre,
Ta rondeur n'à aulcun commencement,
Ny fin aussi, qui me donne a entendre,
Que captif suis sans eslargissement.

CCCLVIII.

Par ce penser tempestant ma pensée
Ie consideræ en moy l'infirmité,
Ou ma santé ie voy estre pansée
Par la rigueur, & cellæ extremité
Non differentæ a la calamité,
Qui se fait buttæ a cest Archier mal seur.
    Pourquoy, Amour, comme fier aggresseur,
Encontre moy si vainement t'efforces?
Elle me vainct par nayue doulceur
Trop plus, que toy par violentes forces.

CCCLIX.

Tu as, Anneau, tenu la main captiue,
Qui par le cœur me tient encor captif,
Touchant sa chair precieusement viue
Pour estre puis au mal medicatif,
Au mal, qui est par fois alternatif.

En froit

En froit, & chault meslez cruellement.
	Dont te portant au doigt iournellement,
Pour medecine enclose en ton oblique,
Tu me seras perpetuellement
De sa foy chaste eternelle relique.

CCCLX.

Ie ne me puis aysément contenter
De ceste vtile, & modeste maniere
De voile vmbreux pour desirs tourmenter,
Et rendre a soy la veue prisonniere:
Par ou Amour, comme en sa canonniere,
Espie Amans dans son asiette forte.
	En ce mesaise aumoins ie me conforte,
Que le Soleil si clerement voyant,
Pour te congnoistre, & veoir en quelque sorte,
Va dessus nous, mais en vain, tournoyant.

CCCLXI.

Qui cuyderoit du mylieu de tant d'Anges
Trop plus parfaictz, que plusieurs des haultz cieulx,
Amour parfaire aultrepart ses védages,
Voire en Hyuer, qui ià pernicieux
Va depeuplant les champs delicieux,
De sa fureur faisant premier essay.
	Et qu'il soit vray, & comme ie le scay:
Constrainct ie suis d'vn grand desir extresme
Venir au lieu, non ou ie te laissay,
Mais, t'y laissant ie m'y perdis moymesme.

ccclxij.

CCCLXII.

Non moins ardoir ie me sens en l'absence
Du tout de moy pour elle me priuant,
Que congeler en la doulce presence,
Qui par ses yeulx me rend mort, & viuant.
　Or si ie suis le vulgaire suyuant,
Pour en guerir, fuyr la me fauldroit.
　Le Cerf blessé par l'archier bien adroit
Plus fuyt la mort, & plus sa fin approche.
Donc ce remede a mon mal en vauldroit.
Sinon, moy mort, desesperé reproche.

CCCLXIII.

Sa vertu veult estre aymée, & seruie,
Et sainctement, & comme elle merite,
Se captiuant l'Ame toute asseruie,
Qui de son corps en fin se desherite:
Lequel deuient pour vn si hault merite.
Plus desseché, qu'en terre de Lemnos.
Et luy estant ià reduict tout en os,
N'est d'aultre bien, que d'espoir reuestu.
　Ie ne suis point pour ressembler Minos,
Pourquoy ainsi, Dictymne, me fuis tu?

CCCLXIIII.

Quand (ô bien peu) ie voy aupres de moy
Celle, qui est la Vertu, & la Grace:
Qui parauant ardois en grand esmoy,
Ie me sens tout reduict en dure glace.
　Adonc mes yeulx ie dresse a veoir la face,

l　l　Qui

Qui m'à causé si subit changement:
Mais ma clarté s'offusque tellement,
Que i'ars plus fort en fuyant ses destroitz:
Comme les Montz, lesquelz communement
Plus du Soleil s'approchent, plus sont froidz.

CCCLXV.

L'Aulbe venant pour nous rendre apparent
Ce, que l'obscur des tenebres nous cele,
Le feu de nuict en mon corps transparent,
Rentre en mõ cœur couurãt mainte estincelle,
    Et quand Vesper sur terre vniuerselle
Estendre vient son voile tenebreux,
Ma flamme sort de font creux funebreux,
Ou est l'abysme a mon cler iour nuisant,
Et derechef reluit le soir vmbreux
Accompaignant le Vermisseau luisant.

CCCLXVI.

Quand Titan à sué le long du iour.
Courant au sein de sa vielle amoureuse,
Et Cynthia vient faire icy seiour
Pour donner lieu a la nuict tenebreuse,
Mon cœur alors de sa fornaise vmbreuse
Ouure l'Etna de mes flammes ardentes,
Lesquelles sont en leur cler residentes,
Et en leur bruyt durent iusques a tant,
Que celle estainct ses lampes euidentes,
De qui le nom tu vas representant.

CCCLXVII.

Tousiours n'est pas la mer Egée trouble,
Et Tanais n'est point tous temps gelé:
Mais le malheur, qui mon mal me redouble,
Incessamment auecques luy mesle
S'encheine ensemble, & ainsi congelé
Me fait ardoir tant inhumainement,
Que quand par pleurs ie veulx soubdainement
Remedier a si grand' amertume:
Voulant ma flamme estaindre aulcunement,
Plus ie l'estains, & plus fort ie l'allume.

CCCLXVIII.

Toutes les foys, que sa lueur sur Terre
Iecte sur moy vn, ou deux de ses raiz,
En ma pensée esmeult l'obscure guerre
Parqui me sont sens, & raison soubstraictz.
   Et par son tainct Angeliquement fraiz

Rompt ceste noise a nulle aultre pareille.
Et quand sa voix penetre en mon oreille,
Ie suis en feu, & fumée noircy,
Là ou sa main par plus grande merueille
Me rend en marbre & froid, & endurcy.

CCCLXIX.

Quand l'ennemy poursuyt son aduersaire
Si viuement, qu'il le blesse, ou l'abat:
Le vaincu lors pour son plus necessaire
Fuyt çà, & là, & crie, & se debat.
Mais moy nauré par ce traistre combat
De tes doulx yeulx, quád moîs de doubte auois,
Cele mon mal ainsi, comme tu vois,
Pour te monstrer a l'œil euidamment,
Que tel se taist & de langue, & de voix,
De qui le cœur se plaint incessament.

CCCLXX.

En ce Faulxbourg celle ardente fornaise
N'esleue point si hault sa forte alaine,
Que mes souspirs respandent a leur aise,
Leur grand' fumée, en l'air qui se pourmeine.
Et le Canon, qui paour, & horreur meine,
Ne territ point par son bruyt furieux
Si durement les circonuoysins lieux,
Qui sa rayne, & sa fureur soustiennent,
Que mes sanglotz penetrátz iusqu'aux cieulx
Esmeuuent ceulx, qui en cruaulté regnent.

ccclxxj.

CCCLXXI.

La passion de soubdaine allegresse
Va occultant soubz l'espace du front
Deux sources d'eaux, lesquelles par destresse
Confusément souuent elle desrompt.
 Mais maintenãt le cœur chault, & trespróvt
Les ouure au dueil, au dueil, qui point ne ment:
Et qui ne peult guerir par oignement
De patience en sa parfection,
Pour non pouoir souffrir l'esloingnement
Du sainct obiect de mon affection.

CCCLXXII.

Ne du passé la recente memoyre,
Ne du present la congneue euidence,
Et du futur, aulcunesfoys notoyre,
Ne peult en moy la sage prouidence:
Car sur ma foy la paour fait residence,
Paour, qu'on ne peult pour vice improperer.
 Car quãd mon cœur pour vouloir prosperer
Sur l'incertain d'ouy, & non se boute,
Tousiours espere: & le trop esperer
M'esmeult souuent le vacciller du doubte.

CCCLXXIII.

Estant ainsi vesue de sa presence,
Ie l'ay si viue en mon intention,
Que ie la voy toute telle en absence,
Qu'elle est au lieu de sa detention.
Par diuers acte, & mainte inuention

Ie la contemple en pensée rassise.
Cy elle alloit, là elle estoit assise:
Icy tremblant luy feis mes doleances:
En ceste part vne sienne deuise
Me reuerdit mes mortes esperances.

CCCLXXIIII.

L'Esprit vouloit, mais la bouche ne peut
Prendre congé, & te dire a Dieu, Dame:
Lors d'vn baiser si tresdoulx se repeut,
Que iusqu'au bout des leures tyra l'Ame.
 L'œil a plorer si chauldement s'enflamme,
Qu'il t'esmouuroit a grand' compassion.
 Quand est du Cœur, qui seul sans passion
Auecques toy incessamment demeure,
Il est bien loing de perturbation,
Et rid en soy de ce, de quoy l'œil pleure.

CCCLXXV.

La Lune au plein par sa clarté puissante
Rompt l'espaisseur de l'obscurité trouble,
Qui de la nuict, & l'horreur herissante,
Et la paour pasle ensemble nous redouble:
Les desuoyez alors met hors de trouble,
Ou l'incertain des tenebres les guide.
 De celle ainsi, qui sur mon cœur preside,
Le doulx regard a mon mal souuerain
De mes douleurs resoult la nue humide,
Me conduisant en son ioyeux serain.

CCCLXXVI.

Nier ne puis, au moins facilement,
  Qu'Amour de flamme estrangement diuerse
Nourry ne m'aye, & difficilement,
Veu ceste cy, qui toute en moy conuerse.
  Car en premier sans point de controuerse
D'vn doulx feu lent le cueur m'atyedissoit
Pour m'allaicter ce pendant qu'il croissoit,
Hors du spirail, que souuent ie luy ouure.
  Et or craingnant qu'esuenté il ne soit,
Ie cele en toy ce, qu'en moy ie descouure.

CCCLXXVII.

Asses plus long, qu'vn Siecle Platonique,
Me fut le moys, que sans toy suis esté:
Mais quand ton front ie reuy pacifique,
Seiour treshault de toute honnesteté,
Ou l'empire est du conseil arresté

l 4   Mes

Mes songes lors ie creus estre deuins.
　Car en mon, corps: mon Ame, tu reuins,
Sentant ses mains, mains celestement blanches,
Auec leurs bras mortellement diuins
L'vn coronner mon col, l'aultre mes hanches.

CCCLXXVIII.

Lors que Phebus de Thetys se depart,
Apparoissant dessus nostre Orizon,
Aux patientz apporte vne grand' part,
Si non le tout, d'entiere guerison:
Et amoindrit, aumoins, la languison,
Et les douleurs, que la nuict leur augmente.
Tout en ce point ma peine vehemente
Se diminue au cler de sa presence:
Et de mes maulx s'appaise la tourmente,
Que me causoit l'obscur de son absence.

CCCLXXIX.

Plongé au Stix de la melancolie
Semblois l'autheur de ce marrissement,
Que la tristesse autour de mon col lye
Par l'estonne' de l'esbayssement,
Colere ayant pour son nourrissement,
Colere aduste, ennemye au ioyeux.
　Dont l'amer chault, salé, & l'armoyeux,
Créé au dueil par la perseuerance
Sort hors du cœur, & descent par les yeulx
Au bas des piedz de ma foible esperance.

ccclxxx.

CCCLXXX.

Estant tousiours, sans m'oster, appuyé
Sur le plaisir de ma propre tristesse,
Ie me ruyne au penser ennuyé
Du pensement proscript de ma lyesse.
 Ainsi donné en proye a la destresse,
De mon hault bien toute beatitude
Est cheute an fons de ton ingratitude:
Dont mes espritz recouurantz sentement,
Fuyent au ioug de la grand seruitude
De desespoir, Dieu d'eternel tourment.

CCCLXXXI.

Blasme ne peult, ou n'est aulcun deffault,
Ny la peine estre, ou n'y à coulpe aulcune:
Dont si iustice en nous mesmes deffault,
C'est par malice ou, par propre rancune.
 Ny l'Or prisé, ny la chere Pecune,
Dieu de vilté, & de sagesse horreur,
Me tire a doubte, & de doubte a'terreur.
 Mais en mon cœur à mis dissention
Consentement, qui met en grand erreur
Le resolu de mon intention.

CCCLXXXII.

Tu m'es le Cedre encontre le venin
De ce Serpent en moy continuel,
Comme ton œil cruellement benin
Me viuifie au feu perpetuel,
Alors qu'Amour par effect mutuel
       T'ouure

T'ouure la bouche, & en tire a voix plaine
Celle doulceur celestement humaine,
Qui m'est souuent peu moins, que rigoureuse,
Dont spire (ô Dieux) trop plus suaue alaine,
Que n'est Zephire en l'Arabie heureuse.

CCCLXXXIII.

A son aspect mon œil reueremment
S'incline bas, tant le Cœur la reuere,
Et l'ayme, & craint trop perseueramment
En sa rigueur benignement seuere.
 Car en l'ardeur si fort il perseuere,
Qu'il se dissoult, & tout en pleurs se fond,
Pleurs restagnantz en vn grand lac profond,
Dont descent puis ce ruisseau argentin,
Qui me congele, & ainsi me confond
Tout transforme' en sel Agringentin.

CCCLXXXIIII.

Cupido veit son traict d'or rebouche',
Et tout soubdain le vint au Dieu monstrer,
Qui ià estoit par son pere embouche'
Pour luy vouloir ses fouldres accoustrer.
 Adōc Vulcan pour plus noz cœurs oultrer,
En l'aiguisant par son feu l'à passe',
Feu de vengeance, & d'ire compasse',
Sans que iamais aulcune grace oultroye.
 Parquoy Amour chatouilloit au passe',
Et a present ses Amantz il fouldroye.

ccclxxv.

CCCLXXXV.

De toy la doulce, & fresche souuenance
Du premier iour, qu'elle m'entra au cœur
Auec ta haulte, & humble contenance.
Et ton regard d'Amour mesmes vainqueur,
Y depeingnit par si viue liqueur
Ton effigie au vif tant ressemblante,
Que depuis l'Ame estonnée, & tremblante
De iour l'admire, & la prie sans cesse:
Et sur la nuict tacite, & sommeillante,
Quand tout repose, encor moins elle cesse.

CCCLXXXVI.

Tu es le Corps, Dame, & ie suis ton vmbre,
Qui en ce mien continuel silence
Me fais mouuoir, nõ comme Hecate l'Vmbre,
Par ennuieuse, & grande violence,
Mais par pouoir de ta haulte excellence,
En me

En me mouant au doulx contournement
De tous tes faictz, & plus soubdainement,
Que lon ne veoit l'vmbre suyure le corps,
Fors que ie sens trop inhumainement
Noz sainctz vouloirs estre ensemble discords.

CCCLXXXVII.

Ce cler luisant sur la couleur de paille
T'appelle au but follement pretendu:
Et de moy, Dame, asseurance te baille,
Si chasque signe est par toy entendu.
  Car le iaulne est mon bien tant attendu
(Souffre qu'ainsi ie nomme mes attentes,
Veu que de moins asses tu me contentes)
Lequel le blanc si gentement decore:
  Et ce neigeant flocquant parmy ces fentes
Est pure foy, qui iouyssance honnore.

CCCLXXXVIII.

La blanche Aurore a peine finyssoit
D'orner son chef d'or luisant, & de roses,
Quand mon Esprit, qui du tout perissoit
Au fons confus de tant diuerses choses,
Reuint a moy soubz les Custodes closes
Pour plus me rendre enuers Mort inuincible.
  Mais toy, qui as (toy seule) le possible
De donner heur a ma fatalité,
Tu me seras la Myrrhe incorruptible
Contre les vers de ma mortalité.

ccclxxxix.

CCCLXXXIX.

Bien qu'en ce corps mes foibles esperitz
Ministres soient de l'aure de ma vie,
Par eulx me sont mes sentementz periz
Au doulx pourchas de liberté rauie:
Et de leur queste asses mal poursuyuie
Ont r'apporté l'esperance affamée
Auec souspirs, qui, comme fouldre armée
De feu, & vent, vndoyent a grandz flotz.
   Mais de la part en mon cœur entamée
Descend la pluye estaingnant mes sanglotz.

CCCXC.

Pour esmouoir le pur de la pensée,
Et l'humble aussi de chaste affection,
Voye tes faictz, ô Dame dispensée
A estre loing d'humaine infection:
Et lors verra en sa parfection
Ton hault cœur sainct lassus se transporter:
Et puis cy bas Vertus luy apporter
Et l'Ambrosie, & le Nectar des Cieulx,
Comme i'en puis tesmoingnage porter
Par iurement de ces miens propres yeulx.

CCCXCI.

Ie sens en moy la vilté de la crainte
Mouoir l'horreur a mon indignité
Parqui la voix m'est en la bouche estaincte
Deuant les piedz de ta diuinité.
   Mais que ne peult si haulte qualité

Amoin

Amoindrissant, voyre celle des Dieux?
Telz deux Rubiz, telz Saphirs radieux:
Le demourant consideration,
Comme subiect des delices des Cieulx,
Le tient caché a l'admiration.

CCCXCII.

L'heureux seiour, que derriere ie laisse,
Me vient toute heure, & tousiours au deuant.
Que dy ie vient? mais fuyt, & si ne cesse
De se monstrer peu a peu s'esleuant.
Plus pas a pas i'esloingne le Leuant,
Pour le Ponent de plus près approcher:
Plus m'est aduis de le pouoir toucher,
Ou que soubdain ie m'y pourroys bien rendre.
Mais quand ie suis, ou ie l'ay peu marcher,
Haulsant les yeulx, ie le voy loing s'estendre.

CCCXCIII.

Plus croit la Lune, & ses cornes r'enforce,
Plus allegeante est le febricitant:
Plus s'amoindrit diminuant sa force,
Plus l'affoiblit, son mal luy suscitant.
Mais toy, tant plus tu me vas excitant
Ma fiebure chaulde auant l'heure venue,
Quand ta presence a moy se diminue,
Me redoublant l'acces es mille formes.
Et quand ie voy ta face a demy nue,
De patient en mort tu me transformes.

CCCXCIIII.

Me desaymant par la seuerité
De mon estrange, & propre iugement,
Qui me fait veoir, & estre en verité
Non meritant si doulx soulagement,
Comme celluy, dont pend l'abregement
De mes trauaulx me bienheurantz ma peine,
Ie m'extermine, & en si grande hayne
De mes deffaultz i'aspire a la merueille
D'vn si hault bien, que d'vne mesme alaine
A mon labeur le iour, & la nuict veille.

CCXCV.

Dessus ce Mont, qui la Gaule descouure,
Ou lon entent les deux Sœurs resonner,
Lors que la nuict a l'esprit sa guerre ouure,
Ie luy voulois paix, & repos donner,
Auec le lict cuydant abandonner

Mes

Mes tristes pleurs, mes confuses complainctes.
Quand le Soleil dessus ses roues painctes
Celle a mes yeulx soubdain representa,
Qui par douleurs, ny par cruaultez maintes
De ce cœur sien oncques ne s'absenta.

CCCXCVI.

Quand Apollo apres l'Aulbe vermeille
Pousse le bout de ses rayons dorez,
Semble a mon œil, qui lors point ne sommeille,
Veoir les cheueulx, de ce Monde adorez,
Qui par leurs noudz de mes mortz decorez
M'ont a ce ioug iusqu'a ma fin conduyct.
 Et quand apres a plaine face il luyt,
Il m'est aduis, que ie voy clerement,
Les yeulx, desquelz la clarté tant me nuyt,
Qu'elle esblouyt ma veue entierement.

CCCXCVII.

Ou celle estoit au festin, pour laquelle
Auecques moy le Ciel la Terre adore,
La saluant, comme sur toutes belle,
Ie fus noté de ce, que ie l'honnore,
 Ce n'est vilté ce n'est sottie encore,
Qui cy m'à faict pecher villainement:
Mais tout ainsi qu'a son aduenement
Le cler Soleil les estoilles efface,
Quand suis entré i'ay creu soubdainement,
Qu'elle estoit seule au lustre de sa face,

CCCXCVIII.

Ce doulx venin, qui de tes yeulx distille,
M'amollit plus en ma virilité,
Que ne feit onc au Printemps inutile
Ce ieune Archier guidé d'agilité.
     Donc ce Thuscan pour vaine vtilité
Trouue le goust de son Laurier amer:
Car de ieunesse il aprint a l'aymer.
     Et en Automne Amour, ce Dieu volage,
Quand me voulois de la raison armer,
A preualu contre sens, & contre aage.

CCCXCIX.

Elle à le cœur en si hault lieu assis
Qu'elle tient vil ce, que le Monde prise:
Et d'vn sens froit tant constamment rassis
Estime en soy ce, que chascun mesprise.
     Dont par raison en la vertu comprise
Ne se tient plus icy bas endormie.
Mais tasche encor, comme intrinseque amye,
A me vouloir a si hault bien instruire.
Mesmes voyant l'Aigle, nostre ennemye,
Par France aller son propre nid destruire.

CCCC.

Toutes les fois que ie voy esleuer
Tes haultz sourcilz, & leurs cornes ployer
Pour me vouloir mortellement greuer,
Ou tes durs traictz dessus moy employer,
L'Ame craignant si dangereux loyer,

Se pert

Se pert en moy, comme toute paoureuse,
O si tu es de mon viure amoureuse,
De si doulx arcz ne crains la fureur telle.
Car eulx cuidantz donner mort douloureuse,
Me donnent vie heureuse, & immortelle.

CCCCI.

Non (comme on dit) par feu fatal fut arse
Ceste Cité sur le Mont de Venus:
Mais la Deesse y mit la flambe esparse,
Pource que maintz par elle estoient venuz
A leur entente, & ingratz deuenuz,
Dont elle ardit auecques eulx leur Ville.
   Enuers les siens ne sois donc inciuile
Pour n'irriter & le filz, & la mere.
Les Dieux hayantz ingratitude vile,
Nous font sentir double vengeance amere.

CCCCII.

Les elementz entre eulx sont ennemys,
Mouantz tousiours continuelz discors:
Et toutesfois se font ensemble amys
Pour composer l'vnion de ce corps.
   Mais toy contraire aux naturelz accordz,
Et a tout bien, que la Nature baille,
En ceste mienne immortelle bataille
Tu te rens doulce, & t'apparses soubdain:
   Et quand la paix a nous vnir trauaille,
Tu t'esmeulx toute en guerre, & en desdain.

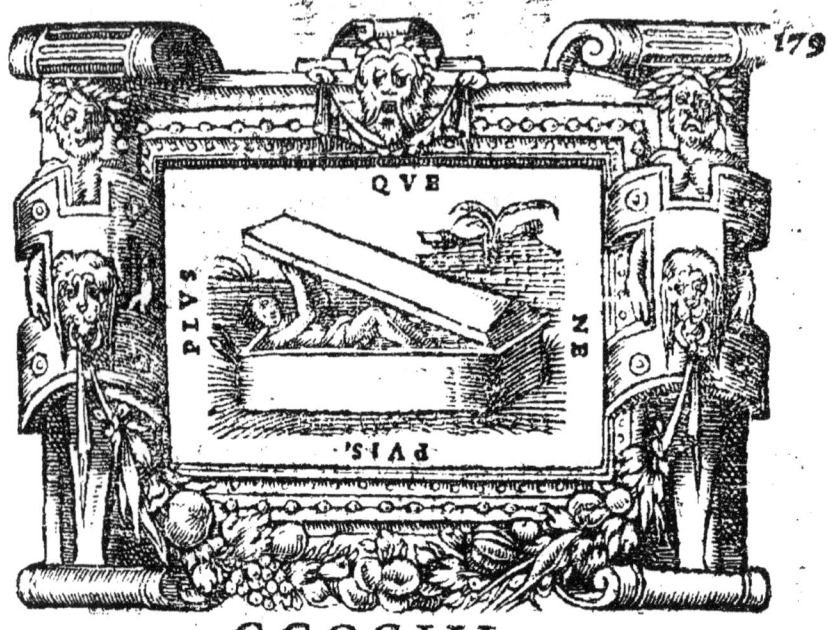

CCCCIII.

Ie voys,& viens aux ventz de la tempeste
De ma pensée incessamment troublée:
Ores a Poge, or' a l'Orse tempeste,
Ouuertement,& aussi a l'emblée,
L'vn apres l'aultre, en commune assemblée
De double, espoir, desir,& ialousie,
Me fouldroyantz telz flotz la fantasie
Abandonnée & d'aydes,& d'appuys.
   Parquoy durant si longue phrenesie,
Ne pouant plus, ie fais plus que ne puis.

CCCCIIII.

Pardonnez moy, si ce nom luy donnay
Sinistrement pour mon mal inuenté.
Cuydant auoir du bien plus que ie n'ay,
I'ay mon proces contre moy intenté.
   Car esperant d'estre vn iour contenté,

m 2   Ie

Comme la Lune aux Amantz fauorise,
Ie luy escris & surnom,& maistrise,
Pour estre a elle en ses vertus semblable.
 Mais au rebours elle(ô Dieux)les mesprise,
Pour a mes vœutz se rendre inexorable.

CCCCIIII.

Ce n'est Plancus,qui la Ville estendit,
La restaurant au bas de la montaigne:
Mais de soymesme vne part destendit
Là,ou Arar les piedz des deux Montz baigne:
L'aultre saulta de là vers la campaigne,
Et pour tesmoing aux nopces accouroit.
 Celle pour veoir si la Saone couroit,
S'arresta toute au son de son cours lent:
Et ceste,ainsi qu'a present,adoroit
Ce mariage entre eulx tant excellent.

CCCCV.

Le laboureur de sueur tout remply
A son repos sur le soir se retire:
Le Pelerin,son voyage accomply,
Retourne en paix,& vers sa maison tire.
 Et toy,ô Rhosne,en fureur,& grand' ire
Tu viens courant des Alpes roidement
Vers celle là,qui t'attend froidement,
Pour en son sein tant doulx te receuoir.
 Et moy suant a ma fin grandement,
Ne puis ne paix,ne repos d'elle auoir.

CCCCVI.

Toute fumée en forme d'vne nue
Depart du feu auec graue maintien:
Mais tant plus hault s'esleue, & se denue,
Et plus soubdain se resoult toute en rien.
　Or que seroit a penetrer au bien,
Qui au parfaict d'elle iamais ne fault?
Quand seulement pensant plus, qu'il ne fault,
Et contemplant sa face a mon dommage,
L'œil, & le sens peu a peu me deffault,
Et me pers tout en sa diuine image.

CCCCVII.

Violentè de ma longue misere
Suis succumbè aux repentins effortz,
Qu'Amour au fort de mes malheurs insere,
Affoiblissant mes esperitz plus forts.
　Mais les Vertus passementantz les bords,
Non des habitz, mais de ses mœurs diuines,
Me seruiront de doulces medecines,
Qui mon espoir me fortifieront:
　Et lors ie croy, que ses graces benignes
Dedans mon cœur la deifieront.

CCCCVIII.

Mais que me sert sa vertu, & sa grace,
Et qu'elle soit la plus belle du Monde,
Comprenant plus, que tout le Ciel n'embrasse
En son immense, en sa rondeur profonde?
　Car puis qu'il fault, qu'au besoïg ie me fonde

Sur les secours en mes maulx pitoyables,
Mes pasions certes espamoyables
Vaincues ià de mille repentences,
Veulent d'effectz remedes fauorables,
Et non vnguentz de friuoles sentences.

CCCCIX.

Quand l'allegresse aux entrailles créée
De son desir du tout ressuscité,
Doibt appaiser, comme ame recréée,
Les pasions de sa felicité,
Se deffaict toute en la diuersité,
Et en l'ardeur de son contentement.
　　Parquoy voulant tirer le sentement
Hors du repos de consolation,
Luy fourragé par l'esbahyssement,
Vmbre me rend de la confusion.

CCCCX.

Tant occupez aux conditions d'elle
Sont mes espritz, qu'ilz y sont transformez:
Et tellement contrainctz soubz sa cordelle,
Qu'en leur bonté naifue bien formez,
De leur doulceur sont ores defformez,
Et tant dissoulz en sa rigueur supreme,
Qu'en me hayant de toute hayne extreme,
Comme me hayt sa gracieuseté,
Ie me suis fait ennemy de moymesme,
Pour tout complaire a son impieté.

CCCCXI.

La roue en fin le fer assubtilie,
Et le rend apte a trancher la durté.
Aduersité qui l'orgueil humilie,
Au cœur gentil de passion hurté
Fait mespriser fortune, & malheurté,
Le reseruant a plus seconde chose.
    Mais mon trauail sans entremesler pose
A mon souffrir, m'aiguise par ses artz
Si viuement, que (si dire ie l'ose)
Tout le iour meurs, & toute la nuict ars.

CCCCXII.

Tout le iour meurs voyant celle presente,
Qui m'est de soy meudrycrement benigne.
Toute nuict i'ars la desirant absente,
Et si me sens a la reuoir indigne,
Comme ainsi soit que pour ma Libytine

Me

Me fut esleue,& non pour ma plaisance.
　　Et mesmement que la molle nuisance
De cest Archier superbement haultain
Me rend tousiours par mon insuffisance
D'elle doubteux,& de moy incertain.

CCCCXIII.

Tant plus ie veulx d'elle me souuenir,
Plus a mon mal,maulgre'moy,ie consens.
Que i'aurois cher(s'il debuoit aduenir)
Que la douleur m'osta plus tost le sens
Que la memoire,ou reposer ie sens
Le nom de celle, Amour,ou tu regnois
Lors qu'au besoing tu me circonuenois,
Tant qu'a la perdre a present ie souhaicte.
　　Car si en rien ie ne m'en souuenois,
Ie ne pourrois sentir douleur parfaicte.

CCCCXIIII.

Heur me seroit tout aultre grand malheur
Pour le desastre influant ma disgrace,
Ou Apollo ne peult par sa valeur,
Ne la Fortune opulentement grasse.
　　Car sa rigueur incessamment me brasse
Nouelle ardeur de vains desirs remplye.
Parquoy iamais ie ne voy accomplye
La voulente',qui tant me bat le poulx,
Que la douleur,qui en mon front se plye,
Tressue au bien trop amerement doulx,

CCCCXV.

Haultain vouloir en si basse pensée,
Haulte pensée en vn si bas vouloir
Ma voulenté ont en ce dispensée,
Qu'elle ne peult, & si se deubt douloir.
  Pource souuent mettant a nonchaloir
Espoir, ennuy, attente, & fascherie,
Veult que le Cœur, bien qu'il soit fasché, rie
Au goust du miel mes incitementz:
Et que le mal par la peine cherie
Soit trouué Succre au fiel de mes tourmentz.

CCCCXVI.

En moy saisons, & aages finissantz
De iour en iour descouurent leurs fallace.
Tournant les Iours, & Moys, & ans glissantz,
Rides arantz desformeront ta face.
  Mais ta vertu, qui par temps ne s'esface,
Comme la Bise en allant acquiert force,
Incessamment de plus en plus s'esforce
A illustrer tes yeulx par mort terniz.
  Parquoy, viuant soubz verdoyante escorce,
S'esgallera aux Siecles infiniz.

CCCCXVII.

Quand Mort aura, apres long endurer,
De ma triste ame estendu le corps vuyde,
Ie ne veulz point pour en Siecles durer,
Vn Mausolée ou vne piramide
  Mais bien me soit, Dame, pour tũbe humide

DELIE.

(Si digne en suis) ton sein delicieux
  Car si viuant sur Terre, & soubz les Cieulx,
Tu m'as tousiours esté guerre implacable,
Apres la mort en ce lieu precieux
Tu me seras, du moins, paix amyable.

CCCCXVIII.

Apperceuant cest Ange en forme humaine,
Qui aux plus fortz rauit le dur courage
Pour le porter au gracieux domaine
Du Paradis terrestre en son visage,
Ses beaulx yeulx clers par leur priué vsage
Me dorent tout de leurs rayz espanduz.
  Et quand les miens i'ay vers les siens tenduz,
Ie me recrée au mal, ou ie m'ennuye,
Comme bourgeons au Soleil estenduz,
Qui se refont aux gouttes de la pluye.

CCCCXIX.

D'elle puis dire, & ce sans rien mentir,
Qu'ell'à en soy ie ne sçay quoy de beau,
Qui remplit l'oeil, & qui se fait sentir
Au fond du cœur par vn desir noueau,
Troublant a tous le sens, & le cerueau,
Voire & qui l'ordre a la raison efface.
  Et tant plus plaict, que si attrayant face
Pour esmouuoir ce grand Censeur Romain,
Nuyre ne peult a chose qu'elle face,
Seure viuant de tout oultrage humain.

CCCCXX.

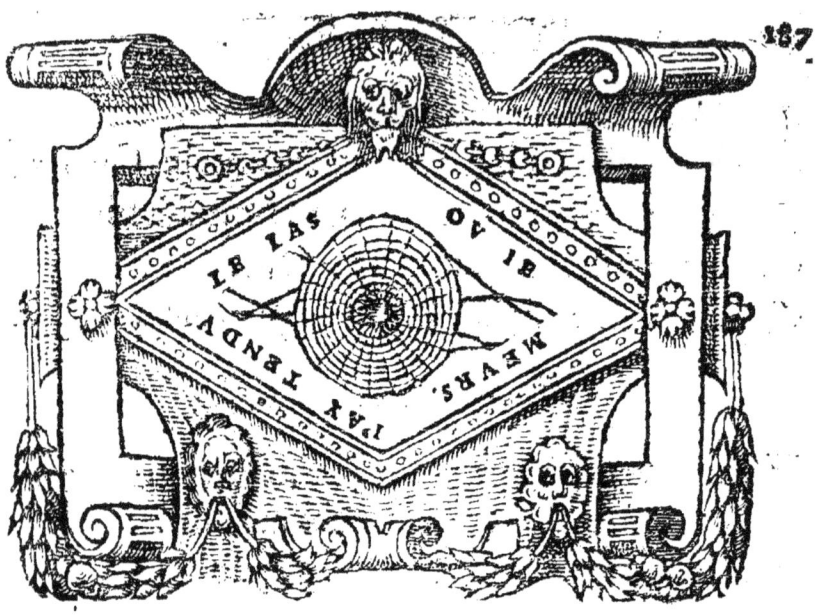

CCCCXX.

Au doulx rouer de ses chastes regardz
Toute doulceur penetramment se fiche
Iusqu'au secret, ou mes sentementz ars
Le plus du temps laissent ma vie en friche,
Ou du plaisir sur tout aultre bien riche
Elle m'allege interieurement:
Et en ce mien heureux meilleurement
Ie m'en voys tout en esprit esperdu.
    Dont, maulgré moy, trop vouluntairement
Ie me meurs pris es rhetz, que i'ay tendu.

CCCCXXI.

Mont costoyant le Fleuue, & la Cité,
Perdant ma veue en longue prospectiue,
Combien m'as tu, mais combien incité
A viure en toy vie contemplatiue?
Ou toutesfoys mon cœur par œuure actiue

Auec

Auec les yeulx leuez au Ciel la pensée
Hors de foucy d'ire, & dueil difpensée
Pour admirer la paix, qui me tefmoingne
Celle vertu laffus recompensée,
Qui du Vulgaire, aumoins ce peu, m'efloingne.

CCCCXXII.

Honnefte ardeur en vn treffainct defir,
Defir honnefte en vne fainéte ardeur
En chafte esbat, & pudique plaifir
M'ont plus donné & de fortune, & d'heur,
Que l'efperance auec fainéte grandeur
Ne m'à rauy de lieffe affouuie.
 Car defirant par cefte ardente enuie
De meriter d'eftre au feul bien compris,
Raifon au faict me rend fouffle a la vie,
Vertu au fens, & vigueur aux efpritz.

CCCCXXIII.

Plaifant repos du feiour folitaire
De cures vuyde, & de foucy deliure,
Ou l'air paifible eft feal fecretaire
Des hauitz penfers, que fa doulceur me liure
Pour mieulx iouir de ce bienheureux viure,
Dont les Dieux feulz ont la fruition.
 Ce lieu fans paour, & fans fedition
S'efcarte a foy, & fon bien inuentif.
Auffi i'y vis loing de l'Ambition,
Et du fot Peuple au vil gaing intentif.

ccccxxiiij

CCCCXXIIII.

Quand ie te vy, miroir de ma pensée,
D'aupres de moy en vn rien departie,
Soubdain craingnant de t'auoir offensée,
Deuins plus froid, que neige de Scythie.
Si ainsi est, soit ma ioye auortie
Auec ma flamme au parauant si forte:
Et plus ma foy ne soit en quelque sorte
Sur l'Emeril de fermeté fourbie,
Voyant plus tost, que l'esperance morte,
Flourir en moy les desertz de Libye.

CCCCXXV.

Et l'influence, & l'aspect de tes yeulx
Durent tousiours sans reuolution
Plus fixément, que les Poles des Cieulx.
Car eulx tendantz a dissolution
Ne veulent veoir que ma confusion,
Affin qu'en moy mon bien tu n'accomplisses,
Mais que par mort, malheur, & leurs cõplisses
Ie suyue en fin a mon extreme mal
Ce Roy d'Escosse auec ces troys Eclipses
Spirantz encor cest An embolismal.

CCCCXXVI.

Fleuue rongeant pour t'attiltrer le nom
De la roideur en ton cours dangereuse,
Mainte Riuiere augmentant ton renom,
Te fait courir mainte riue amoureuse,
Baingnant les piedz de celle terre heureuse,
            Ou ce

DELIE.

Ou ce Thuscan Apollo sa ieunesse
Si bien forma, qu'a iamais sa vieillesse
Verdoyera a toute eternité:
Et ou Amour ma premiere liesse
A desrobée a immortalité.

CCCCXXVII.

Soubz le carré d'vn noir tailloir couurant
Son Chapiteau par les mains de Nature,
Et non de l'art grossierement ouurant,
Parfaicte fut si haulte Architecture,
Ou entaillant toute lineature,
Y fueilla d'or a corroyes Heliques.
Auec doulx traictz viuement Angeliques,
Plombez sur Base assise, & bien suyuie
Dessus son Plinte a creux, & rondz obliques
Pour l'eriger Colomne de ma vie.

CCCCXXVIII.

Hault est l'effect de la voulenté libre,
Et plus haultain le vouloir de franchise,
Tirantz tous deux d'vne mesme equalibre,
D'vne portée a leur si haulte emprise:
Ou la pensée auec le sens comprise
Leur sert de guide, & la raison de Scorte,
Pour expugner la place d'Amour forte:
Sachant tresbien, que quand desir s'esbat,
Affection s'escarmouche de sorte,
Que contre vueil, sens, & raison combat.

CCCCXXIX.

Peu s'en falloit, encores peu s'en fault,
Que la Raison asses mollement tendre
Ne prenne, apres long spasme, grand deffault,
Tant foible veult contre le Sens contendre.
Lequel voulant ses grandz forces estendre
(Ayde d'Amour) la vainct tout oultrément.
 Ne pouuant donc le conuaincre aultrement,
Ie luy complais vn peu, puis l'adoulcis
De propos sainctz. Mais quoy? plus tendremét
Ie l'amollis, & plus ie l'endurcis.

CCCCXXX.

Voulant ie veulx, que mon si hault vouloir
De son bas vol s'estende a la vollée,
Ou ce mien vueil ne peult en rien valoir,
Ne la pensée, ainsi comme auolée,
Craingnant qu'en fin Fortune l'esuolée

Auec

Auec Amour pareillement volage
Vueillent voler le sens, & le fol aage,
Qui s'enuolantz auec ma destinée,
Ne soubstrairont l'espoir, qui me soulage
Ma volenté sainctement obstinée.

CCCCXXXI.

Touché au vif & de ma conscience,
Et du remord de mon petit merite,
Ie ne scay art, & moins propre science,
Pour me garder, qu'en moy ie ne m'irrite,
Tant ceste aigreur estrangement despite
En vains souhaitz me rend si variable.
  Fust elle, aumoins, par vertu pitoyable
Mon dictamnum, côme aux Cersz Artemide,
Tirant le traict de ma playe incurable,
Qui fait mon mal ardemment estre humide.

CCCCXXXII.

Respect du lieu, soulacieux esbat.
A toute vie austerement humaine,
Nourrit en moy l'intrinseque debat,
Qui de douleur a ioye me pourmaine:
Y frequentantz, comme en propre domeine,
Le Cœur sans reigle, & le Corps par compas.
  Car soit deuant, ou apres le repas,
Tousiours le long de ses riues prochaines
Lieux escartez, lentement pas a pas
Vois mesurant & les champs, & mes peines.

ccccxxxiij.

CCCCXXXIII.

De corps tresbelle,& d'ame belliſsime,
Comme plaiſir,& gloire a l'Vniuers,
Et en vertu rarement rariſsime
Engendre en moy mille ſouciz diuers:
Meſmes ſon œil pudiquement peruers
Me penetrant le vif du ſentement,
Me rauit tout en tel contentement,
Que du deſir eſt ma ioye remplie,
La voyant l'œil, auſsi l'entendement,
Parfaicte au corps,& en l'ame accomplie.

CCCCXXXIIII.

Bien que ie ſache amour,& ialouſie,
Comme fumée & feu, eſclair,& fouldre,
Me tempeſtantz touſiours la fantaſie
En vne fin ſans iamais ſe reſouldre:
Ie ne me puis(pourtant) d'erreur abſouldre,
Cherchant touſiours par ce Monſtre terrible
De veoir en moy quelque deffault horrible
Trop plus aſſes,qu'en mon Riual,regner:
Comme lon ſcait,qu'auecques l'impoſsible
I'accuſe aultruy pour tout me condamner.

CCCCXXXV.

Finablement prodigue d'eſperance,
Dont eſtre auare eſt treſgrande vertu,
De fermeté,& de perſeuerance
Me ſuis quaſi de tous poinctz deueſtu,
Eſtimant moins tout eſpoir,qu'vn feſtu,

Fors

Fors seulement pour l'Amant esprouuer:
Non que ie vueille, en effect, reprouuer
Ce bien, voyant que ne le puis acquerre:
Mais seurement celluy ne peult trouuer
En aultruy paix, qui a soy donne guerre.

CCCCXXXVI.

Force me fut (si force se doibt dire
De se laisser a ses desirs en proye)
De m'enflamber de ce dueil mesle' d'ire,
Qu'Amour au cœur passionné ottroye,
Quand ie me vy (non point que ie le croye,
Et si le cuyde) estre d'elle banny.
 Est ce qu'ailleurs elle pretend? nenny:
Mais pour errer, comme maladuisé.
 Aussi comment serois ie a elle vny,
Qui suis en moy oultrément diuisé?

CCCCXXXVII.

Quoy que ce soit, amour, ou ialousie
Si tenamment en ma pensée encrée:
Ie crains tousiours par ceste phrenesie,
Qu'en effect d'elle a aultruy trop n'agrée
Chose par temps, & debuoir consacrée
A mon merite en palme de ma gloire.
 Car tout ce mal si celément notoire
Par l'aueuglée, & doubteuse asseurance,
A mon besoing se fait de paour victoire
Auecques mort de ma foible esperance.

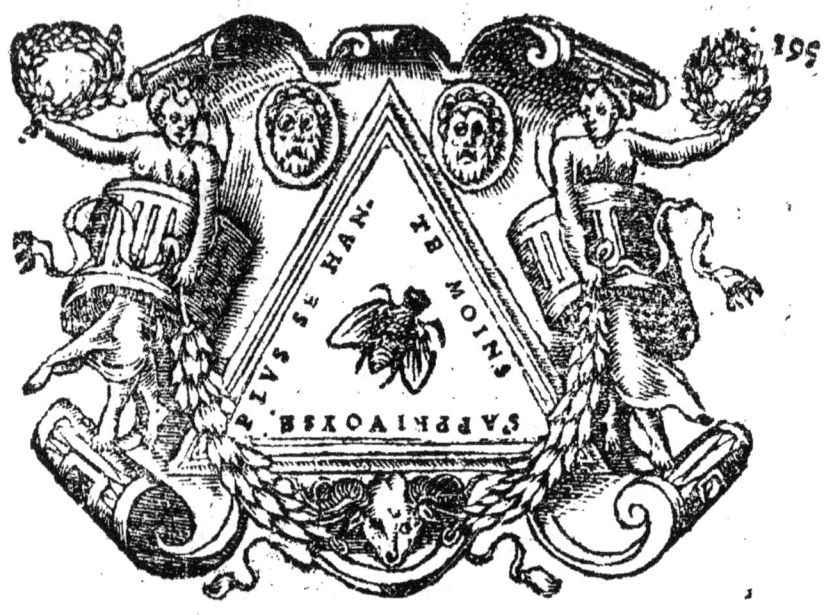

CCCCXXXVIII.

Ia soit ce encor, que l'importunité
Par le priué de frequentation
Puisse polir toute rusticité
Tant ennemye a reputation:
Et qu'en son cœur face habitation
A la vertu gentilesse adonnée,
Estant en mœurs mieulx conditionée,
Que nul, qui soit quelque part, qu'elle voyse:
Elle est (pourtant) en amours si mal née,
Que plus y hante, & moins s'y appriuoyse.

CCCCXXXIX.

Quoy qu'a malheur ie vueille attribuer
Coulpe, ou deffault, qui a mon vueil conteste,
Si me fault il du cœur contribuer
A mon dommage asses, & trop moleste,
Pour paruenir au bien plus, que celeste,

Comme ie croy, que me sera cestuy.
　Car patience est le propice Estuy,
Ou se conserue & foy, & asseurance.
Et vrayement n'est point aymant celluy,
Qui du desir vit hors de l'esperance.

CCCCXL.

Respect de toy me rendant tout indigne,
Pour reuerer l'admirable prestance
De ta nature humainement benigne,
Me fait fuyr ta priuée accoinctance
Par craincte plus, que nõ point pour doubtãce
De tes doulx arcz, me pouant garder d'eulx.
　Mais tout cœur hault, dont du mien ie me deulx,
En ce combat d'amoureux desplaisir　(deulx,
Vit vn long temps suspendu entre deux,
L'espoir vainquant a la fin le desir.

CCCCXLI.

Sans aultre bien, qui fut au mal commode,
Auec le sens l'humain entendement
Ont gouuerné mes plaisirs a leur mode,
Loing toutesfoys de tout contentement,
Qui suffisoit: sans que recentement
Ie sente, Amour, tes mordentes espinces,
Dont de rechef encores tu me pinces,
Mesmes cest An, que le froid Alleman
(O Chrestienté!) chassé de ses prouinces,
Se voit au ioug de ce grand Ottoman.

CCCCXLII.

Ie m'en esloingne,& souuent m'en absente,
Non que ie soys en si sainct lieu suspect:
Mais pour autant,que la raison presente
S'esblouissant à son plaisant aspect
Ne peult auoir tant soit peu,de respect
A modestie,& moins d'elle iouir.
　Car mon parler,toucher,veoir,& ouir
Sont imparfaictz,côme d'homme qui songe,
Et pleure alors,qu'il se deust resiouir
D'vne si vaine,& plaisante mensonge.

CCCCXLIII.

Ainsi absent la memoyre posée,
Et plus tranquille,& apte a conceuoir,
Par la raison estant interposée,
Comme clarté a l'obiect,qu'on veult veoir:
Rumine en soy,& sans se deceuoir
Gouste trop mieulx sa vertu,& sa grace,
Que ne faisoient presentez a sa face
Les sentementz de leur ioye enyurez,
Qui maintenant par plus grand' efficace
Sentent leur bien de leur mal deliurez.

CCCCXLIIII.

Or si le sens,voye de la raison,
Me fait iouir de tous plaisirs aultant,
Que ses vertus,& sans comparaison
De sa beaulté toute aultre surmontant,
Ne sens ie en nous parfaire,en augmentant

Lherma

L'hermaphrodite, efficace amoureuſe,
 O que doulceur a l'Amant rigoureuſe
Me deuſt ce iour plainement aſſeurer
La Creature eſtre en ſoy bienheureuſe,
Qui peult aultruy, tant ſoit peu, bienheurer.

CCCCXLV.

Inceſſamment trauaillant en moy celle,
Qui a aymer enſeigne, & reuerer,
Et qui touſiours par ſa doulce eſtincelle
Me fera craindre, enſemble & eſperer,
En moy ſe voit la ioye proſperer
Deſſus la doubte a ce coup ſommeilleuſe.
 Car ſa vertu par voye perilleuſe
Me penetrant l'Ame iuſqu'au mylieu,
Me fait ſentir celle herbe merueilleuſe,
Qui de Glaucus ià me transforme en Dieu.

CCCCXLVI.

Eſtre me deuſt ſi grand' longueur de temps
Experiment, aduis, & ſapience,
Pour paruenir au bien, que ie pretens,
Ou aſpirer ne m'eſtoit pas ſcience.
 Et toutesfoys par longue patience
En mon trauail tant longuement compriſe,
Ie la tenoys deſià pour moy ſurpriſe,
Et toute mienne (ô friuole eſperance)
Mais tout ainſi que l'Aigle noir tient priſe,
Et ià meſpart a ſes Aiglons la France.

ccccxlvij.

CCCCXLVII.

Que ie me fasche en si vain exercice,
Comme le mien, certainement fais:
Veu mesmement que d'vn si long seruice
Ne voy encor sortir aulcuns effectz.
   Et si ie quitte & le ioug, & le faix,
I'eschappe a doubte, espoir, ardeur, attente,
Pour cheoir es mains de la douleur lattente,
Et du regrect, qu'vn aultre aye le prys
De mon labeur. Dont en voye patente
Sauluer me cuyde, & plus fort ie suis pris.

CCCCXLVIII.

Bien que raison soit nourrice de l'ame,
Alimenté est le sens du doulx songe
De vain plaisir, qui en tous lieux m'entame,
Me penetrant, comme l'eau en l'esponge.
Dedans lequel il m'abysme, & me plonge

Me suffocquant toute vigueur intime.
    Dont pour excuse, & cause legitime
Ie ne me doibs grandement esbahir,
Si ma tressaincte, & sage Dyotime
Tousiours m'enseigne a aymer, & hair.

CCCCXXVI.

Resplendissantz les doulx rayz de ta grace,
Et esclairantz sur moy, mais sans effroy,
De mon cœur froid me rompirent la glace
Indissoluable alors, comme ie croy,
Par vn espoir d'vn gratieux ottroy,
Que ie m'attens de ta grace piteuse.
    Mon ame ainsi de sa paix conuoyteuse
Au doulx seiour, que tu luy peulx bailler,
Se reposant sur ta doulceur honteuse
Ne se veult plus en aultre trauailler.

CCCCL.

Doncques apres mille trauaulx, & mille,
Rire, plorer, & ardoir, & geler:
Apres desir, & espoir inutile,
Estre content, & puis se quereller,
Pleurs, plainctz, sanglotz, souspirs entremesler,
Ie n'auray eu, que mort, & vitupere!
    Qui d'Amour fut par sa voulente pere
A plus grand bien, & non a fin sinistre,
M'à reserue' voulant qu'a tous appere
Que i'ay este' de son vouloir ministre.

ccccj.

CCCCLI.

Pourroit donc bien (non que ie le demande)
Vn Dieu causer ce viure tant aimer?
Tant de trauaulx en vne erreur si grande,
Ou nous viuons librement pour aymer?
　O ce seroit grandement blasphemer
Contre les Dieux, pur intellect des Cieulx.
Amour si sainct, & non point vicieux,
Du temps nous poulse a eternité telle,
Que de la Terre au Ciel delicieux
Nous oste a Mort pour la vie immortelle.

CCCCLII.

Combien qu'a nous soit cause le Soleil
Que toute chose est tresclerement veue:
Ce neantmoins pour trop arrester l'œil
En sa splendeur lon pert soubdain la veue.
　Mon ame ainsi de son obiect pourueue
De tous mes sens me rend abandonné,
Comme si lors en moy tout estonné
Semeles fust en presence rauie
De son Amant de fouldre enuironné,
Qui luy ostast par ses esclairs la vie.

CCCCLIII.

Nature au Ciel, non Peripatetique,
Mais trop plus digne a si doulce folie,
Crea Amour sainctement phrenetique,
Pour me remplir d'vne melencolie
Si plaisamment, que ceste qui me lye

A la Vertu me pouuant consommer,
Pour dignement par Raison renommer
Le bien, du bien qui sans comparaison
La monstre seule, ou ie puisse estimer
Nature, Amour, & Vertu, & Raison.

CCCCLIIII.

Ainsi qu'Amour en la face au plus beau,
Propice obiect a noz yeulx agreable,
Hault colloqua le reluysant flambeau
Qui nous esclaire a tout bien desirable,
Afin qu'a tous son feu soit admirable,
Sans a l'honneur faire aulcun preiudice.
  Ainsi veult il par plus louable indice,
Que mon Orphée haultement anobly,
Maulgré la Mort, tire son Euridice
Hors des Enfers de l'eternel obly.

CCCCLV.

Rien, ou bien peu, faudroit pour me dissoudre
D'auec son vif ce caducque mortel:
A quoy l'Esprit se veult tresbien resouldre,
Ià preuoyant son corps par la Mort tel,
Qu'auecques luy se fera immortel,
Et qu'il ne peult que pour vn temps perir.
  Doncques, pour paix a ma guerre acquerir,
Craindray renaistre a vie plus commode?
Quand sur la nuict le iour vient a mourir,
Le soir d'icy est Aulbe a l'Antipode.

cccclvj.

CCCCLVI.

Si tu t'enquiers pourquoy fur mon tombeau
L on auroit mys deux elementz contraires,
Comme tu voys eftre le feu, & l'eau
Entre elementz les deux plus aduerfaires:
Ie t'aduertis, qu'ilz font trefneceffaires
Pour te monftrer par fignes euidentz,
Que fi en moy ont efte refidentz
Larmes & feu, bataille afprement rude:
Qu'apres ma mort encores cy dedens
Ie pleure, & ars pour ton ingratitude.

CCCCLVII.

Vouloir toufiours, ou le pouoir eft moindre,
Que la fortune, & toufiours perfifter
Sans au debuoir de la raifon fe ioindre,
Contre lequel on ne peult refifter,
Seroit ce pas au danger affifter,

Et fa

Et fabriquer sa declination?
Seroit ce pas, sans expectation
D'aulcun acquest, mettre honneur a mercy,
Ou bien iouer sa reputation
Pour beaucoup moins, qu'a Charles Ladrecy?

CCCCLVIII.

Flamme si saincte en son cler durera,
Tousiours luysante en publicque apparence,
Tant que ce Monde en soy demeurera,
Et qu'on aura Amour en reuerence.
  Aussi ie voy bien peu de difference
Entre l'ardeur, qui noz cœurs pourfuyura,
Et la vertu, qui viue nous fuyura
Oultre le Ciel amplement long, & large.
  Nostre Geneure ainsi doncques viura
Non offensé d'aulcun mortel Letharge.

F I N.

Souffrir non souffrir.

L'ORDRE DES
Figures & Emblemes.

La premiere est
La femme & la Lycorne.   pagee. 7.
II.
La Lune a deux croiscentz.   11.
III.
La Lampe & L'Idole.   15.
IIII.
L'Homme & le Bœuf.   19.
V.
La Lanterne.   23.
VI.
La Chandelle & le Soleil.   27.
VII.
Narcissus.   31.
VIII.
La Femme qui desuuyde.   35.
IX.
La Targue.   39.
X.
Deux Bœufx a la Charue.   43.
XI.
Le Phenix.   47.
XII.
L'oyseau au glus.   51.
XIII.
Dido qui se brusle.   55.

Tous

XIIII.
Tour Babel. 59.

XV.
La Girouette. 63.

XVI.
La Cycorée. 67.

XVII.
L'hyerre & la Muraille. 71.

XVIII.
Le Cerf. 75.

XIX.
Acteon. 79.

XX.
Orpheus. 83.

XXI.
Le Basilisque, & le Miroir. 87.

XXII.
Le Bateau a rames froissées. 91.

XXIII.
L'Alembic. 95.

XXIIII.
La Coingnée, & l'Arbre. 99.

XXV.
La Selle, & les deux hommes. 103.

XXVI.
La Lycorne qui se uoit. 107.

XXVII.
La Vipere qui se tue. 111.

XXVIII.
Le Forbisseur. 115.

La Cye

XXXIX.
La Cye 119

XXX.
Cleopatra & ses serpentz. 123.

XXXI.
Le Papillon & la Chandelle. 127.

XXXII.
Le Muletier. 131.

XXXIII.
Le Chat & la ratiere. 135.

XXXIIII.
Le Paon. 139.

XXXV.
L'Asne au Molin. 143

XXXVI.
Le Pot au feu. 147

XXXVII.
La Lune en tenebres. 152

XXXVIII.
Europa sur le bœuf 155

XXXIX.
L'Arbalestier. 159.

XL.
Le Coq qui se brusle 163.

XLI.
Leda & le Cygne. 167.

XLII.
Le Vespertilion ou Chaulueſory. 171

XLIII.
L'Horologe. 175

Le mort

XLIIII.
Le Mort ressuscitant 179
LV.
La Lampe sur la table 183
XLVI.
L'Yraigne 187
XLVII.
La Femme qui bat le beurre 191
XLVIII.
La Mousche 195
XLIX.
Le Chamoys & les chiens 199
L.
Le Tumbeau & les chandeliers 203

Fin.

TABLE ET INDICE DE
tous les Dizains, par l'Ordre & mesme Nombre d'vnchascun.

A

A Contempler si merueilleux spectacle, 106.
A cupido ie fis maintz traictz briser 149.
Affection en vn si hault desir, 348.
Ainsi absent la memoire posée 443.
Ainsi qu'Amour en la face au plus beau 454
Ainsi que l'air de nues se deuest, 319.
A l'embrunir des heures tenebreuses, 135
Amour ardent, & Cupido bandé, 227
Amour si fort son arc roide enfonsa 154.
Amour lustrant tes sourcilz Hebenins. 280.
Amour des siens trop durement piteux, 67.
Amour ploroit, voire si tendrement, 311.
Amour perdit les traictz, qu'il me tira, 89.
Amour me presse, & me force de suyure 188.
Apparoissant l'Aulbe de mon beau iour, 314.
Apperceuant cest Ange en forme humaine, 418.
A quoy pretendre yssir librement hors. 304.
A si hault bien de tant saincte amytié. 356.
A son Amour la belle aux yeux aiguz 278.
A son aspect mon œil reueremment. 383.
Asses ne t'est d'auoir mon cœur playé, 321.
Asses plus long, qu'vn Siecle Platonique, 377.
Au Caucasus de mon souffrir lyé 707.
Au centre heureux, au cœur impenetrable 380.
Au commun plainct ma ioye est conuertie 261.
Au doulx record de son nom ie me sens 277.
Au doulx rouer de ses chastes regardz 420.
Aumoins toy, clere, & heureuse fontaine, 245.
Aumoins peulx tu en toy imaginer, 160.
Authorité de sa graue presence, 229.
Auoir le iour nostre Occident passé 350.

O 2 Au

INDICE DES

Au receuoir l'aigu de tes esclairs.	80.
Au vif flambeau de ses yeux larmoyantz	353.
Ay ie peu veoir le vermeil de la honte	28.

B

Basse Planete a l'ennuy de ton frere,	292.
Bien fortuné celuy se pouoit dire,	148
Bienheureux champs, & vmbrageux costaulx.	246.
Bien eut voulu Apelles estre en vie	287.
Bien fut la main a son peril experte,	38.
Blasme ne peult, ou n'est aulcun deffault,	381.
Bien que ie sache amour & ialousie	434.
Bien que raison soit nourrice de l'ame	448.
Bien qu'en ce corps mes foibles esperitz	389.
Bien qu'on me voye oultre mode esiouir,	111.
Blanc Alebastre en son droit rond poly.	181.

C

Ce bas Soleil, qui au plus hault fait honte,	137.
Ce cler luisant sur la couleur de paille	387.
Ce doulx venin qui de tes yeulx distille,	398.
Ce froit tremblant ses glacées frisons	164.
Ceincte en ce point & le col, & le corps	182.
Ce hault desir de doulce pipperie	214.
Ce lyen d'or rayz de toy mon Soleil,	12.
Celle regit le frain de ma pensée,	303.
Celle pour qui ie metz sens, & estude	151.
Celle beaulté, qui embellit le monde	7.
Ce n'est point cy, Pellerins, que mes voeutz	251.
Ce n'est Plancus, qui la Ville estendit,	404.
Cest Oeil du Monde vniuersel spectacle	313.
C'est de pitié que lors tu me desgoustes,	201.
Ces deux Soleilz nuisamment penetrantz.	279.
Ces tiens non yeulx, mais estoilles celestes,	253.
Chantant Orphée au doulx son de sa lyre,	326.
Combien qu'a nous soit cause le soleil	452.
Combien encor que la discretion,	280.

Comme

DIZAINS.

Comme lon voit sur les froides pensées	68.
Comme Hecaté tu me feras errer	22.
Comme gelée au monter du Soleil,	300.
Comme corps mort vagant en haulte Mer,	173.
Comme celuy, qui iouant a la Mousche,	57.
Comme des raiz du Soleil gracieux	150.
Continuant toy, le bien de mon mal,	65.
Contour des yeulx, & pourfile du né.	243.
Courantz les iours a declination	343.
Cuydant ma Dame vn rayon de miel prendre	247.
Cupido veit son traict d'or rebouché.	384.

D

Dans son iardin Venus se reposoit	74.
D'autant qu'en moy sa valeur plus augmente,	200.
De ces haultz Montz iectant sur toy ma veue,	131.
De ce bien faict te doibs ie aumoins louer,	172.
De corps tresbelle, & d'ame bellissime	433.
Decrepité en vieilles esperances	70.
De fermeté plus dure, que Dyaspre,	295.
Deliberer a la necessité,	230.
De l'arc d'Amour tu tires, prens, & chasses	119.
De la mort rude a bon droit me plaindroys,	146.
De la clere vnde yssant hors Cytharée,	265.
Delie aux champs troussée, & accoustrée,	337.
Delia ceincte, hault sa cotte attournée,	140.
De l'Occean l'Adultaire obstiné	11.
D'elle puis dire, & ce sans rien mentir,	419.
De mon cler iour ie sens l'Aulbe approcher,	276.
De ton sainct œil, Fusil sourd de ma flamme,	302.
Dens son poly ce tien Cristal opaque,	239.
Desir, souhait, esperance, & plaisir	205.
Des yeulx ausquelz s'enniche le Soleil,	30.
Des Montz haultains descendent les ruisseaulx,	64.
Dessus ce Mont, qui la Gaule descouure,	299.
Dessus le Cœur vouloit seul maistriser	29.

o 2   De

De tous trauaulx on attend quelque fin, 228.
De toute Mer tout long, & large espace, 269.
De toy la doulce, & fresche souuenance 385.
Diane on voit ses deux cornes iecter 185.
Doncques apres mille trauaulx, & mille 450.
Doncques le Vice a Vertu preferé 220.
Donc admirant le graue de l'honneur, 155.
Doulce ennemye, en qui ma dolente ame 207.
D'vn tel conflict en fin ne m'est resté, 199.
D'vn magnanime, & haultain cœur procede. 335.

E

Elle me tient par ses cheueulx lyé 14.
Elle a le cœur en si hault lieu assis 399.
Encores vit ce peu de l'esperance, 133.
En aultre part, que la, ou ilz aspirent, 344.
En ce sainct lieu, Peuple denotieux, 252.
En ce Faulxbourg celle ardente fornaise 370.
En deuisant vn soir me dit ma Dame: 122.
En diuers temps, plusieurs iours, maintes heures, 226.
Et l'influeuce, & l'aspect de tes yeulx 425.
En permettant, que mon si long pener 255.
En son habit tant humainement coincte, 291.
Enseuely long temps soubz la froideur 134.
En moy saisons, & aages finissantz 416.
En toy ie vis, ou que tu sois absente: 153.
En tel suspend ou de non, ou d'ouy, 193.
Entre ses bras, ô heureux, pres du cœur 355.
Estant tousiours, sans m'oster, appuyé 380.
Estant ainsi vesue de sa presence, 313.
Est il possible, ô vaine Ambition, 308.
Estes vous donc, ô mortelz, esbahys 159.
Estre ne peult le bien de mon malheur 165.
Estre me deust si grand' longueur de temps 446.
Et Helicon, ensemble & Parnasus, 158.

Fait

DIZAINS.

F

Faict paresseux en ma longue esperance, 202.
Finablement prodigue d'esperance 435.
Flamme si saincte en son cler durera, 458.
Fleuue rougeant pour t'attiltrer le nom 426.
Force me fut (si force se doibt dire) 436.
Fortune forte a mes vœutz tant contraire 116.
Fortune en fin se peult domestiquer. 297.
Fusse le moins de ma calamité 108.
Fuyantz les Montz, tant soit peu, nostre veue, 73.

G

Gant enuieux, & non sans cause auare 208.
Glorieux nom, glorieuse entreprinse 54.
Grace, & Vertu en mon cœur enflammerent. 323.

H

Hault est l'effect de la voulenté libre, 428.
Haultain vouloir en si basse pensée, 415.
Heur me seroit tout aultre grand malheur 414.
Heureux ioyau, tu as aultresfoys ceinct 357.
Honneste ardeur en vn tressainct desir. 422.

I

I'attens ma paix du repos de la nuict, 115.
Ia deux Croissantz la Lune m'a monstré: 35.
Ia soit ce encor, que l'importunité 438.
Ia tout haultain en moy ie me paonnois 328.
Ie m'asseurois, non tant de liberté 217.
Ie m'ayme tout au desdaing de la hayne, 325.
Ie me complains en si doulce bataille, 78.
Ie m'esiouys quand ta face ce monstre. 196.
Ie m'en absente & tant, & tant de foys, 225.

Ie m'en

Ie m'en eslongne, & souuent m'en absente 442.
Ie ne me puis aysément contenter 360.
Ie me taisoys si pitoyablement 8.
Ie le vouluz, & ne l'osay vouloir, 76.
Ie le conçoy en mon entendement 236.
Ie ne l'ay veue encor, ne toy congneue 34.
Ie preferoys a tous Dieux ma maistresse 15.
Ie sens le noud de plus en plus estraindre 161.
Ie sens en moy la vilté de la crainte 391.
Ie souspiroys mon bien tant esperé, 335.
Ie sens par fresche, & dure souuenance 330.
I'espere, & crains, que l'esperance excede 281.
Ie voys cherchant les lieux plus solitaires 272.
Ie voy en moy estre ce mont Fouruiere 26.
Ie voys & viens aux ventz de la tempeste 403.
Ie vy aux raiz des yeulx de ma Deesse 114.
Incessamment trauaillant en moy celle 445.
Incessamment mon grief martyre tire. 241.

L

L'Aulbe estaingnoit Estoilles a foison, 79.
L'Aulbe venant pour nous rendre apparent 365.
La blanche Aurore a peine finissoit 388.
La crainte adioinct aeles aux piedz tardifz, 318.
L'affection d'vn trop haultain desir 113.
L'air tout esmeu de ma tant longue peine 167.
L'Aigle volant plus loing, qu'oncques ne fit, 55.
L'Aigle des Cieulx pour proye descendit, 129.
L'Architecteur de la Machine ronde, 53.
L'ardent desir du hault bien desiré, 82.
La Lune au plein par sa clarté puissante 375.
La roue en fin le fer assubtilie. 411.
La Mort pourra m'oster & temps, & heur, 274.
La Mort est pasle, & Cupido transi, 163.
La passion de soubdaine allegresse 371.
Le bon Nocher se monstre en la tempeste 141.

DIZAINS.

Le Cœur, de soy foiblement resoulu,	268.
Le Cœur surpris du froit de ta durté	194.
Le Corps trauaille a forces eneruées,	56.
Le Cerf volant aux aboys de l'Austruche	21.
Le Ciel de soy communement auare,	262.
Le Dieu Imberbe au giron de Thetys	107.
Le doulx sommeil de ses tacites eaux	356.
Le fer se laisse, & fourbir & brunir,	52.
Le Forgeron villainement erra,	36.
L'heur de nostre heur enflambant le desir	145.
Le hault penser de mes frailes desirs	227.
L'heureux seiour, que derriere ie laisse,	292.
Le ieune Archier veult chatouiller Delie:	160.
Le iour passé de ta doulce presence	138
Le Naturant par ses haultes Idées	2.
L'Esprit vouloit, mais la bouche ne peult	374
Libre ie vois, & retourne libere	235.
L'humidité, Hydraule de mes yeux,	341.
Le laboureur de sueur tout remply	405.
L'Esté bouilloit, & ma Dame auoit chault:	63.
L'oysiueté des delicates plumes,	109.
L'œil trop ardent en mes ieunes erreurs	1.
L'œil, aultresfoys ma ioyeuse lumiere	13.
Le Painctre peult de la neige depaindre	303.
Le practiquer de tant diuerses gentz,	244.
Le souuenir, ame de ma pensée,	152.
Les elementz entre eulx sont ennemys,	402
Les rhetz dorez, dont Amour me detient	334.
Les tristes Sœurs plaingnoient l'antique offense,	31.
Leuth resonnant, & le doulx son des cordes.	354.
Le veoir, l'ouyr, le parler, le toucher	41.
Le Vespre obscur a tous le iour clouit	142.
Libre viuois en l'Auril de mon aage	6.
Longue silence, ou ie m'auainissoys	221.
Lors que le Linx de tes yeulx me penetre	331.
Lors le suspect, agent de ialousie,	216.
Lors que Phebus de Thetys se depart,	378.

o 4   Lors que

Lors que le Soir Venus au Ciel r'appelle, 220.

M

Ma Dame ayant l'arc d'Amour en son poing 5.
Ma Dame & moy iouantz emmy vn pré 179.
Ma face, angoisse a quiconques la voit, 45.
Mais si Raison par vraye congnoissance 191.
Mais que me sert sa vertu, & sa grace, 408.
Mansuetude en humble grauité 294.
Mars amoureux voulut baiser ma Dame, 118.
Mauluais vsage, & vaine opinion 333.
Ma voulenté reduicte au doulx seruage 250.
Me desaymant par la seuerité 394.
Me rauissant ta diuine harmonie 166.
Mercueille n'est Deesse de ma vie, 332.
M. eust elle dict, au moins pour sa deffaicte, 47.
Mes pleurs clouantz au front ses tristes yeulx, 174.
Mes tant longz iours, & languissantes nuictz, 255.
Moins ie la voy, Certes plus ie la hays: 43.
Moins ne pourroit & la foy & l'hommage 19.
Mon ame en Terre (vn temps fut) espreuua 315.
Mon mal ce paist de mon propre dommage, 327.
Mont costoyant le Fleuue, & la Cité, 421.
Morte esperance au giron de pitié. 162.

N

Nature en tous se rendit imparfaicte, 257.
Nature au Ciel non Peripatetique, 453.
Ne cuydez point entre vous, qui suyuistes, 346.
Ne du passé la recente memoyre, 372.
Ne t'esbays, Dame, si celle fouldre 81.
Nier ne puis, au moins facilement, 376.
Non celle ardeur du Procyon celeste 62.
Non (comme on dit) par feu fatal fut arse 401.
Non cy me tient ma dure destinée 88.

Non

DIZAINS.

Non de Paphos delices de Cypris	
Non moins ardoir ie me sens en l'absence	362.
Non sur toy seule Enuie a faict ce songe,	85.
Non tant me nuict cesle si longue absence	147.
Nous esbatantz ma Dame, & moy sur l'eau,	256.
Nouuelle amour, nouelle affection.	234.

O

O ans, ô moys, sepmaines, iours, & heures,	123
Oeil Aquilin, qui tant osas souffrir	102.
Opinion, possible, mal fondée	271.
On me disoit, que pour la conuerser,	311.
Or si le sens voye de la raison	444.
Oserois tu, ô Ame de ma vie,	171.
Ou celle estoit au festin, pour laquelle	397.
Ou le contraire est certes verité,	84.
Ou sa bonté par vertu attractiue,	159.
Osté du col de la doulce plaisance,	100.
Ouurant ma Dame au labeur trop ardente,	342
Ouy & non aux Cæstes contendantz.	190.

P

Par ce hault bien, qui des Cieulx plut sur toy,	90.
Par ce penser tempestant ma pensée	358.
Pardonnez moy, si ce nom luy donnay	404.
Par long prier lon mitigue les Dieux:	249.
Par le penser, qui forme les raisons:	69.
Par maint orage ay secouru fortune:	39.
Parmy ces champs Automne pluuieux	180.
Par mes souspirs Amour m'exale l'Ame,	310.
Par tes vertuz excellentement rares	263.
Par ta figure, haultz honneurs de Nature,	186.
Par ton regard seuerement piteux	124.
Peu s'en falloit, peu s'en fault,	429.
Peuuent les Dieux ouir Amantz iurer,	20.

Petit

INDICE DES

Petit obiect esmeut grande puissance, 128.
Plaisant repos du seiour solitare 423.
Phebus doroit les cornes du Thoureau, 233.
Phebé luysant par ce Globe terrestre 210.
Plaindre prouient partie du vouloir, 197.
Plus pour esbat, que non pour me douloir 319.
Plus librement, certes, i'accuserois 51.
Plus tost vaincu, plus tost victorieux 232.
Plus ie poursuis par le discors de yeulx 298.
Plongé au stix de la melancolie 375.
Plus ie la voy, plus i'adore sa face, 317.
Plus croit la Lune, & ses cornes renforce, 393.
Plus tost seront Rhosne & Saone desioinctz 17.
Pour me despendre en si heureux seruice, 75.
Pour estre l'air tous offusqué de nues 187.
Pour la fraischeur Delie se dormoit 345.
Pour m'enlasser en mortelles deffaictes 125.
Pour m'incliner souuent a celle image 285.
Pour esmouoir le pur de la pensée, 390.
Pour non ainsi te descourir soubdain 309.
Pour m'efforcer a degluer les yeulx 237.
Pour resister a contrarieté 219.
Poure de ioye, & riche de douleur 266.
Pourquoy fuys ainsi vainement celle, 273.
Pourquoy reçoy-ie en moy mille argumentz 152.
Pourroit donc bien (non que ie le demande) 451.
Presque sorty de toute obeissance, 299.
Produicte fust au plus cler ascendant. 329.

Q

Quand Apollo apres l'Aulbe vermeille 396.
Quand (ô bien peu) ie voy aupres de moy 364.
Quand de ton rond le pur cler se macule, 203.
Quand ie te vy, miroir de ma pensée, 424.
Quand l'œil aux champs est desclairs esblouy, 24.
Quand l'ennemy poursuyt son aduersaire 369.

Quand

DIZAINS.

Quand ie te vy orner ton chef doré,	340.
Quand i'aperceu au serain de ses yeux	58.
Quand ignorance auec malice ensemble	221.
Quand l'allegresse aux entrailles créée	409.
Quand Mort aura, apres long endurer,	417.
Quand pied a pied la Raison ie costoye,	189.
Quand Titan a sué le long du iour,	356.
Quand quelquesfoys d'elle a elle me plains,	352.
Quasi moins vraye alors ie l'aperçoy,	351.
Que ie m'ennuye en la certaineté	322.
Que ie me fasche en si vain exercice	447.
Que ne suis donc en mes Limbes sans dueil,	290.
Quiconques fut ce Dieu, qui m'enseigna	40.
Quiconque a veu la superbe Machine,	72.
Qui ce lien pourra iamais dissouldre,	144.
Qui cuyderoit du mylieu de tant d'Anges	361.
Qui veult sçauoir par commune euidence	288.
Qui se delecte a bien narrer histoires,	18.
Quoy qu'a malheur ie vueille attribuer	439.
Quoy que ce soit, amour, ou ialousie.	437.

R

Respect du lieu, soulatieux esbat,	432.
Respect de toy me rendant fort indigne	440.
Resplendissantz les doulx raiz de ta grace	449.
Rien ou bien peu fauldroit pour me dissouldre.	45.

S

Saincte vnion pouoit seule accomplir	343.
Sans lesion le serpent Royal vit	209.
Sans aultre bien qui fut au mal commode	441.
Sa vertu veult estre aymée, & seruie,	363.
Seul auec moy, elle auec sa partie:	370.
Seule raison de la Nature loy	23.
Seroit ce point sichuro, qui me tourmente,	117.

Si

INDICE DES

Si Apollo restrainct ses raiz dorez 133.
Si de sa main ma fatale ennemye, 167.
Si c'est Amour, pourquoy m'occit il doncques, 60.
Si de mes pleurs ne m'arousoys ainsi, 256.
Si droit n'estoit, qu'il ne fust scrupuleux 223.
Si doulcement le venin de tes yeulx 42.
Si en ton lieu i'estoys, ô doulce Mort, 71.
Si grand' beaulté mais bien si grand' merueille 51.
Si le soir pert toutes plaisantes fleurs 44.
Si ie vois seul sans sonner mot, ne dire 254.
Si le desir, image de la chose, 46.
Si le blanc pur est Foy immaculée, 264.
Si me te puis pour estrenes donner 215.
Si onc la Mort fut tresdoulcement chere, 48.
Si poingnant est l'esperon de tes graces, 284.
Si tant soit peu, dessus ton sainct Pourtraict 307.
Si treslas fut d'enuironner le Monde 103.
Si tu t'enquiers pourquoy sur mon tombeau 456.
Soit que l'erreur me rende autant suspect, 32.
Soubz le carré d'vn noir tailloir couurant 427.
Soubz doulx penser ie me voy congeler 211.
Souuent Amour suscite doulce noise, 324.
Suffise toy, ô Dame, de dorer 204.
Suyuant celluy, qui pour l'honneur se iecte, 112.
Suaue odeur, mais le goust trop aymer, 10.
Sur le Printemps, que les Aloses montent, 231.
Sur le matin, commencement du iour, 86.
Sur le matin, songeant profondement, 110.
Sur fraile boys d'oultrecuydé plaisir 270.
Sur nostre chef iettant Phebus ses raiz. 101.

T

Ta beaulté fut premier, & doulx Tyrant, 316.
Ta cruaulté, Dame, tant seulement 248.
Taire, ou parler soit permis a chascun, 59.
Tant me fut lors cruelement piteuse 139.

Tant

DIZAINS.

Tant est Nature en volenté puissante,	33.
Tant plus ie veulx d'elle me souuenir	413.
Tant variable est l'effect inconstant	358.
Tant ie l'aymay, qu'en elle encor ie vis:	498.
Tant de sa forme elle est moins curieuse,	293.
Tant occupez aux conditions d'elle	410.
Tes beaulx yeulx clers fouldroyamment luisantz	222.
T'esbahys tu, ô Enfant furieux,	212.
Tes doigtz tirantz non le doulx son des cordes,	205.
Tes cheueulx d'or annellez, & errantz	306.
Te voyant rire auecques si grand' grace,	105.
Tresobseruant d'eternelle amytié	66.
Tu as, Anneau, tenu la main captiue,	359.
Tu cours superbe, ô Rhosne, flourissant	218.
Tu es le Corps, Dame, & ie suis ton vmbre,	386.
Tu es, Miroir, au cloud tousiours pendant,	267.
Tu fais, cruel, ses pensées meurdrieres	25.
Tu m'es le Cedre encontre le venin	382.
Tu te verras ton yuoire cresper	320.
Ton doulx venin grace tienne me feit	3.
Toy seule as faict que ce vil Siecle auoit	15.
Ton hault sommet, ô Mont a Venus saincte	104.
Touché au vif, & de ma conscience,	431.
Tous temps ie tombe entre espoir, & desir:	275.
Tousiours n'est pas la mer Egée trouble,	357.
Tousiours mourant, tousiours me trouue sain	282.
Tout en esprit rauy sur la beaulté	238.
Tout desir est dessus espoir fondé:	144.
Tout le iour meurs voyant celle presence,	412.
Tout le repos, ô nuict, que tu me doibs,	242.
Tout iugement de celle infinité,	175.
Toute fumée en forme d'vne nue	406.
Toute doulceur d'Amour est destrempée	283.
Toutes les foys, que sa lueur sur Terre	368.
Toutes les foys, qu'en mon entendement	177.
Toutes les foys, que ie voy esleuer	400.
Tu celle fus, qui m'obligeas premiere	130.

Vaincre

INDICE DES DIZAINS.

V

Vaincre elle sçait hommes par sa valeur, 132.
Veu que Fortune aux accidentz commande, 347.
Vicissitude en Nature prudente, 213.
Violenté de ma longue misere 407.
Viuacité en sa ieunesse absconse, 176.
Voulant tirer le hault Ciel Empirée 4.
Voulant ie veulx, que mon si hault vouloir 430.
Vouldroys ie bien pour mon dire attraper, 339.
Vouloir tousiours, ou le pouoir est moindre 457.
Vous, Gantz heureux, fortunée prison 178.
Voy ce papier de tous costez noircy, 198.
Voy le iour cler ruyner en tenebres, 184.
Voy que l'Hyuer tremblant en son seiour, 157.
Voyant soubdain rougir la blanche neige 27.
Voyez combien l'espoir pour trop promettre 286.
Vulcan ialoux reprochoit a sa femme. 83.

FIN.

Aduerſis　　　　Duro.

www.ingramcontent.com/pod-product-compliance
Lightning Source LLC
Chambersburg PA
CBHW051917160426
43198CB00012B/1937